NO SE TRATA
DE SER BUENO

NO SE TRATA DE SER BUENO

Una guía práctica hacia la ética del s. XXI

SUBHADRAMATI

 Siglantana

Título original: Not about being good
Publicado en inglés por Windhorse Publications Ltd, 160 Mill Road.
Cambridge, CB1 3AN, Reino Unido 2013.

Portada e ilustraciones:
Maquetación y preimpresión: José Ramón Viza
Traducción: Verónica Bustos

Se ha otorgado la autorización para el uso de todas las imágenes.

ISBN: 978-84-18556-33-3

Depósito legal: B 22423-2023

Impreso por Winihard Grafics en Barcelona
con papel ecológico certificado por FSC®.

A mis padres que me dieron la vida,
y a Dhammarati quien me introdujo al Buda.

ÍNDICE

LISTA DE ILUSTRACIONES

INTRODUCCIÓN

Cuando era niña solía ir a la capilla con regularidad. Además de ir a la misa dominical matutina, también acudía al rosario y a la bendición episcopal por las tardes. Iba a misa cada mañana antes de ir a la escuela y me confesaba todos los sábados, pero también iba yo sola cuando la capilla estaba vacía y en silencio, no solamente a rezar, sino a reflexionar, con toda la intensidad de la que una niña católica de 11 años es capaz. Una mañana, mientras trataba de imaginar la gloria del cielo, me asaltó la idea de que quizá Dios no era más que un invento creado por el ser humano para explicarse las cosas que no entendía aún. Sintiendo que toda la estructura sobre la cual había cimentado mi vida interior se derrumbaba, intenté con todas mis fuerzas alejar de mi mente este pensamiento tan inoportuno, pero fui impotente ante él. Fue un momento crucial en mi vida. Ahora que lo revivo aún puedo ver con exactitud la banca de la iglesia en la cual estaba arrodillada (justo junto al viacrucis donde Verónica enjuga el rostro de Jesús) y recuerdo vívidamente mi desaliento.

LAS GRANDES PREGUNTAS

Después de eso aún continué yendo a la capilla, pero mi corazón se había alejado de mi devoción. Cuando entré a la adolescencia me alejé completamente de la religión y me acerqué a la ciencia. Pensé que si Dios había sido tan solo una explicación para todo lo que no podíamos entender en el universo, entonces con toda certeza la ciencia, en especial el estudio de la física, sería una mejor apuesta para tratar de encontrar la sabiduría inherente a los misterios de la vida. Deposité todas mis esperanzas en la ciencia para que esta me diera las respuestas a todas las preguntas que empezaban con '¿Por qué?'. Sin embargo, después de pasar cuatro años en la universidad, a pesar de que obtuve una licenciatura en filosofía natural (así se le llamaba al estudio de física pura en las universidades escocesas) y habérmelas ingeniado para meterme en la cabeza fórmulas matemáticas que bien podrían llenar la mitad de la página, no era yo más que otra veinteañera confundida. Le adjudiqué mi fracaso a encontrar 'respuestas' a que yo no era lo suficientemente lista, pero cuando más o menos un año más tarde conocí a mis primeros guías budistas, volví a repasar las mismas preguntas, para las que tanto había buscado respuesta. En lugar de enfocarme en por qué el universo es como es, el tema central se volvió cómo debería yo vivir mi vida dentro de este.

Lo que me atrajo de inmediato hacia este nuevo enfoque basado en el 'cómo' fue el hecho de que (al menos en la teoría) no importaba cuán confundida estuviera mi mente o cuán agitadas fueran mis emociones, había algo que yo podía hacer. Era un enfoque totalmente práctico. Sin embargo, más allá de eso, conforme empecé a seguir las enseñanzas budistas que se me daban, comencé a darme cuenta de que la verdadera sabiduría no es algo en lo que puedas pensar en términos abstractos o incluso metafísicos. Empecé a ver que no era algo que puedes 'tener', no importa con cuánto fervor lo pienses o cuán inteligente seas. Empecé a comprender que la sabiduría abarca todas nuestras actitudes de vida; todo nuestro comportamiento.

Este es, entonces, un libro sobre actitudes y comportamientos de vida reales. Es un libro acerca de la ética budista. Mi maestro budista, Sangharákshita, fundador de la Comunidad y Orden Budista Triratna, ha escrito y enseñado la ética budista durante años y uno de mis principales objetivos al escribir este libro es recopilar algunas de esas enseñanzas de diferentes fuentes (libros, conferencias y seminarios de estudio no publicados),[1] las cuales me han sido de ayuda e inspiración y tengo la esperanza de que te inspiren a ti también. A la vez que explora el espíritu del enfoque budista sobre la ética, este libro es también una guía práctica hacia la misma.

Hay una historia budista acerca de un monje que vive en las montañas. De tanto en tanto baja al mercado. Un día un tendero bastante arrogante le pregunta despectivamente; '¿Qué diantres haces todo el día allá arriba en las montañas?'. Sin inmutarse, el monje sonríe y le responde, 'Allá en las

---

[1] He recurrido a un seminario que impartió Sangharákshita en 1980 sobre 'La perfección de la ética y los modales', capítulo 13 de *The Jewel Ornament of Liberation*, de Gampopa.

montañas es muy bonito, hay bosques silvestres en los cuales vagar y lagos cristalinos en los cuales nadar, pero no puedo bajar esos bosques y esos lagos aquí para que los veas. Tendrás que subir conmigo a la montaña y verlos por ti mismo'. Desde luego, el monje se refiere al gozo interno en el que mora al vivir una vida de renuncia. Es imposible explicarlo con palabras, debe experimentarse de primera mano. Es lo mismo con este libro. Tal vez puedo darte una idea general de mi propia inspiración y mi entusiasmo por la práctica budista, especialmente la práctica de la ética. Sin embargo, para realmente saber de dónde surge la ética budista y hacia qué apunta, tendrás que probarla por ti mismo. A lo largo del libro hago sugerencias de reflexión y ejercicios prácticos que puedes realizar en tu vida diaria. Estas reflexiones y ejercicios son los verdaderos maestros. Si te das la oportunidad de ponerlos en práctica, son ellos los que te permitirán 'ver por ti mismo'.

UNA VIDA VERDADERAMENTE HUMANA

El problema de escribir un libro sobre ética budista en comparación con, digamos, un libro de meditación budista o sabiduría budista es que a menudo la gente tiene fuertes asociaciones relacionadas con el concepto de la ética y con frecuencia estas son negativas.

Una de las formas negativas en que podemos pensar sobre la ética budista es quizá la que evoca la historia que cuenta David Lurie, el personaje principal en la novela de J. M. Coetzee *Desgracia*. Es la historia de un perro, un golden retriever macho que se emocionaba incontrolablemente cada vez que había una perra por los alrededores. Sin excepción, cada vez que esto ocurría los dueños lo golpeaban. Esta acción continuó hasta que el pobre perro ya no supo qué hacer. Finalmente, aún con el simple olor de una perra, este daría vueltas por el jardín con la cola entre las patas, lloriqueando y tratando de esconderse. Ya no necesitaba ser golpeado; estaba listo para autocastigarse. Se había vuelto temeroso de su propia naturaleza y había empezado a odiarla. La hija de Lurie le preguntó a este si no habría sido mejor simplemente castrar al perro, lo que hace que la desesperación de Lurie crezca aún más. Está seguro de que el perro habría preferido que lo mataran en vez de que lo "arreglaran" y pasar el resto de su vida deslizándose en silencio por la sala.[2]

Si la visión que tienes de la ética es así, si la ves como que se trata de mantener controlada tu propia naturaleza o como algo que se te impone y que es sostenido por un sistema de recompensas y castigos (al parecer, más castigos que recompensas en el caso del perro) o, peor aún, como que te tienen que "arreglar" para encajar con las ideas de alguien más acerca del 'buen comportamiento', entonces no habrá de sorprender que tus asociaciones sobre la ética sean negativas.

En el budismo ser ético significa aprender a actuar cada vez más de acuerdo con tus valores. La ética budista dista mucho del tipo de sistema que nos hace rechazar nuestra

---

[2] J. M. Coetzee, *Desgracia*, Vintage, Londres, 2000, p. 89.

propia naturaleza y nos convoca a distorsionarla. La ética budista no ve a la naturaleza humana como algo que debe ser golpeado hasta someterlo, amansarlo o domesticarlo. El budismo no está tratando de 'curar tajantemente a la vida de sí misma'.[3] El budismo es más acerca de la realización de nuestra naturaleza humana, no de disminuirla o mutilarla, y la ética budista forma parte tanto del camino hacia esa realización como de la expresión de la misma. La palabra 'ética' viene del griego '*ethos*', que en nuestra lengua actual puede traducirse como 'el carácter de un individuo tal y como lo representan sus valores y creencias'.[4]

Sonará extraño que te digan que debes aprender a actuar de acuerdo con tus valores, pero a veces es difícil saber cuáles son tus propios valores. Se pueden confundir con los valores de alguna autoridad o de algo que se percibe como una autoridad. Se pueden mezclar con tus propias suposiciones convencionales sobre lo que es la moral o pueden confundirse con algunos ritos y rituales religiosos. Es fácil ser influido de manera inconsciente por las ideas acerca de lo que es normal dentro de un grupo o cultura en particular. Por ejemplo, no fue sino hasta que el yerno católico de mi amiga judía rehusó circuncidar a su hijo en un ritual, que ella se paró a cuestionar algo que,

---

[3] Iain Crichton Smith, '*La ley y la gracia, en Twentieth-century Scottish Poetry*', publicado por Douglas Dunn, Faber and Faber, Londres, 1993, p. 253.

[4] *Oxford English Dictionary*, disponible para miembros en http://www.oed.com/, accedido el 26 de abril de 2013.

hasta ese momento, simplemente había dado por sentado. Me dijo 'era algo que hacías y punto. Era lo que te hacía parte de la comunidad'. Al principio se horrorizó con la sola idea de que eso no se llevara a cabo, de la misma manera que su yerno se horrorizó con la sola idea de que aquello se realizara, pero entonces ella reflexionó que quizá también había algo de razón en lo que él decía. Incluso recordó su propia aflicción al momento de la circuncisión de su hijo. Todo el incidente la hizo reconsiderar algo que ella había aceptado como bueno sin cuestionarlo y verlo de un modo distinto, desde otros puntos de vista.

En este tipo de situaciones la sociedad misma se convierte, sin que te des cuenta, en la 'autoridad', persuadiéndote para que te amoldes a algo, premiándote cada vez que te amoldas y castigándote cuando no. El problema está en que, debido a que cada tipo de sistema moral convencional se convierte en la norma dentro de la cultura, es fácil asumirlo sin pensar. Por definición, las reglas y convenciones morales cotidianas difieren de lugar en lugar y de época en época, de modo que puedes identificarlas súbitamente cuando te topas con personas de culturas, clases sociales o antecedentes religiosos diferentes a los tuyos. Por ejemplo, en la India se consideraría algo indecente que un esposo y una esposa se tomen de las manos en público, pero es perfectamente aceptable que los amigos de género masculino lo hagan entre ellos, mientras que en el Reino Unido lo contrario es lo común, un hombre y una mujer pueden ir tomados de la mano e incluso besarse en público, pero que dos hombres se tomen de la mano se considera algo inapropiado.

Desde luego, la moral convencional a veces se alinea con la moral natural. La clave está en que si quieres descubrir lo que realmente son los valores humanos tendrás que estar en una constante búsqueda de los valores que hayas aceptado sin cuestionar. Esto podría relacionarse con qué, cuándo y cómo comes; con quién duermes; en qué gastas tu dinero; cómo educas a tus hijos o cuidas de tus ancianos padres. En otras palabras, tendrás que estar continuamente buscando los momentos en que estás influido por una mera convención. Si cultivas este tipo de sensibilidad, te darás cuenta que allanas el camino para el desarrollo de lo que Sangharákshita llama 'moral natural'.

La moral natural brota de la comprensión de que, en esencia, las demás personas no son distintas a nosotros. Ellos, al igual que nosotros, tienen sueños, miedos, gente que les importa y el deseo de realizarse en la vida. De forma crucial, el budismo reconoce que el potencial para esta comprensión es parte de la estructura de la conciencia humana. Es a lo que llamamos 'conciencia' y viene con el ser humano. Puesto que el budismo reconoce que este potencial para la identificación imaginativa con los demás es innato, las enseñanzas del budismo no están ahí para crear nuestro sentido de la moral, sino para guiarlo, para educarlo.[5]

---

[5] Ver Subhuti, *Remorse and confession in the spiritual community*, ensayo disponible en http://www.subhuti.info, accedido el 10 de abril de 2013.

Las enseñanzas son necesarias debido a que, pese a que nuestros impulsos naturalmente éticos son innatos, es decir, aquellos basados en nuestra identificación imaginativa con los demás, estos están compitiendo con el resto de nuestros impulsos. Se ocultan, o bien se confunden con la 'ética convencional'. Se ven sepultados cuando permitimos que se desarrollen las tendencias opuestas a esta identificación imaginativa al hacer ciertas elecciones o encontrarnos (o ponernos) en ciertas condiciones. Se reducen o 'pierden filo' cuando no hacemos esfuerzos conscientes para ponerlos en práctica.[6] En este libro, además de presentar enseñanzas sugeriré maneras de acercarse a ellas y a lo largo de este te recordaré que en el budismo ser ético significa ser verdaderamente humano.

ÉTICA, MEDITACIÓN, SABIDURÍA

En la práctica, por lo menos en Occidente, la mayoría de la gente se acerca al budismo principalmente para aprender a meditar. Muchos, al menos al principio, no tienen más que un interés pasajero en el budismo. Otros son bastante reticentes a cualquier cosa que se asemeje en lo más mínimo a una 'religión organizada'. Al menos este era mi caso en un principio.

Sin embargo, ahora enseño meditación los miércoles por la tarde en nuestras clases abiertas del Centro Budista

---

[6] Ibíd.

de Londres. Tenemos clases toda la semana todo el año, sin importar que sean las vacaciones escolares o la época navideña. Tuvimos clases incluso durante la semana de los disturbios en el Reino Unido en el 2011, cuando las tiendas locales pusieron barricadas en sus vitrinas y las sirenas de la Policía se escuchaban fuera del recinto. Las tuvimos también durante las semanas en que se realizaron los Juegos Olímpicos del 2012, cuando los extranjeros se ponían a charlar entre ellos en los parques. Antes de decirle algo acerca de la meditación, normalmente le pregunto a la gente que asiste a la clase qué es lo que los motivó a venir e invariablemente, no importa que época del año sea, que esté ocurriendo afuera o qué noticias haya en los diarios, siempre recibo respuestas muy parecidas. Esporádicamente alguien dice que viene a explorar la dimensión espiritual de la vida. En ocasiones alguien tiene el presentimiento de que la meditación podría ayudarle a dejar de enojarse tanto con su jefe. De manera habitual alguien admite, con ciertas dudas, que ha escuchado que la meditación puede ayudar a aliviar la ansiedad o la depresión, y muchos otros asentirán con la cabeza, pero la gran mayoría de las personas, casi todo el tiempo, dicen que quieren reducir el estrés y sentirse más calmados. Quieren aprender a aquietar sus mentes, especialmente en medio del frenético ritmo de vida que conlleva una gran ciudad.

Todos estos motivos son válidos y siempre les garantizo que, a pesar de que las meditaciones que enseñamos están arraigadas en el budismo, no se necesita ser budista o siquiera estar interesado en el budismo para poder practicarlas y beneficiarse con ellas. Al mismo tiempo sé que si alguien se toma con seriedad la meditación, tarde o temprano y casi de manera natural la práctica de esta lo llevara a reflexionar sobre la situación existencial en la que nos encontramos. En otras palabras, la práctica de la meditación nos conducirá, casi de forma intrínseca, hacia el campo dominante de lo que el budismo llama 'el camino triple' de la ética, la meditación y la sabiduría.

He aquí un par de ejemplos que ilustran la conexión natural entre la meditación y la ética. El primero es de mi propia experiencia. Recién acabando de aprender a meditar y después de haber estado practicando meditación de manera regular por unos meses, súbita e inexplicablemente empecé a sentir náuseas mientras estaba sentada en mi cojín y con los ojos cerrados. La situación empeoró de tal forma que incluso tenía que levantarme en cuanto empezaba a sentir esto y abandonar la meditación. Finalmente se lo conté al guía de la clase, muy segura de que éste me daría algunas instrucciones sobre alguna técnica que pudiera poner en práctica de inmediato para arreglar el problema, pero no me dijo absolutamente nada sobre la forma en que estaba yo meditando. En lugar de ello, me miró amablemente y me preguntó qué cosas estaban ocurriendo en mi vida fuera de clase en ese momento (yo tenía veintitrés años en ese entonces). Me quedé sorprendida con su pregunta. No era lo que yo estaba esperando. Sin embargo, quizá debido a que él me miraba de un modo muy amable, simplemente le solté que no estaba siendo muy honesta en mi vida personal. 'Pero', le dije de manera enfática, 'no veo qué tiene que ver eso con mi meditación'. Él continuó mirándome fijamente, con amabilidad y, poco a poco, la verdad salió a la luz. La inquietud y la náusea que estaba yo sintiendo tenía todo que ver con la manera en que estaba yo viviendo. Me fui de ahí y empecé a poner en orden el caos en el que estaba metida. Ahí comencé a darme cuenta de que lo que hago en el resto de mi vida se vincula con mi meditación y la meditación se vincula con lo que hago en el resto de mi vida. No pueden tratarse como actividades separadas.

El foco de percepción que la meditación puede alumbrar en nuestras vidas no siempre es bienvenido. Un amigo mío, Canute, se había unido a una pandilla a los trece años de edad y para cuando tenía quince ya había pisado la cárcel juvenil. A los veinte llevaba una vida de alcohol y violencia en exceso, trabajando como portero en los clubes nocturnos de Londres, lo que él describe como 'esperando que algo ocurriera y pudieras largarte de ahí'. Entonces, un encuentro casual con un viejo amigo reavivó su interés en la filosofía. Como consecuencia de esto acudió al Centro Budista y aprendió a meditar. Se aficionó a la meditación de inmediato porque era 'como fumarse un porro sin fumárselo'. Los miércoles que venía al centro se volvieron su 'día santo'. No tomaba ni fumaba ese día porque tenía que estar lúcido para poder sentarse a meditar, pero no pasó mucho tiempo antes de darse cuenta de que tendría que hacer cambios más radicales. Dijo: 'no podía continuar meditando y cambiar mi estado interno sin tener que cambiar lo que pasaba fuera'. Se dio cuenta de que el tomar *whisky* y buscar peleas tenía que acabarse de una vez por todas. Hoy en día sacude su cabeza (aunque no puede ocultar su sonrisa) cuando dice que 'La meditación es peligrosa porque te obliga a mirarte a ti mismo, a cambiar. De cierta manera la meditación ha arruinado mi vida'.

Espero que estos ejemplos muestren que, dado que se trata de volverse más consciente, practicar la meditación empezará a clarificar tu sentido natural de la ética. 'Agudizará' tu sentido de la conciencia, lo desenterrará y le dará vida. Si asumes la meditación con algo de seriedad, te darás cuenta de que meditar regularmente se vuelve más y más incompatible con actuar de formas que dañen a otros o a ti mismo. Como dice Canute, 'Habría sido fácil dar marcha atrás y regresar a beber y pelear. Todo lo que hubiera tenido que hacer era renunciar a la meditación'.

En los capítulos 7 y 8 exploraré con más detalle la relación natural de la ética y la meditación con la sabiduría, el tercer paso en el camino triple. Por ahora, el principal punto que debe dejarse claro es que, a pesar de que el camino triple es progresivo, para empezar con la ética y ciertamente para poder mantener un desarrollo más o menos serio en una etapa posterior necesitarás de cimientos sólidos durante la etapa anterior. No es como si la ética y la meditación, estuvieran colocando ladrillos, uno encima de otro. Es mucho más orgánico que eso. Si estás practicando la meditación tu sensibilidad ética se volverá más armónica. Como resultado de esto, tu práctica real de la ética se fortalecerá. Esto a su vez actuará como un apoyo posterior para tu meditación, puesto que tu meditación se verá menos perturbada por emociones conflictivas. De modo que al practicar ambas, la meditación y la ética (si aún no has aprendido a meditar, te sugiero que explores la posibilidad de aprender) empezarás a crear un círculo de retroalimentación positiva en donde una apoyará la profundización de la otra.

PRACTICAR EL ARTE

En términos de la ética, no solo tus valores se vuelven más claros para ti conforme te vuelves más consciente, sino que estos se volverán más profundos a medida que tu sensibilidad ética se vuelva más armoniosa, a medida que te vuelves más sensible éticamente. Hasta ahora he hablado de que esto ocurre de modo orgánico. Sin embargo, es algo que también puedes desarrollar y cultivar de la misma forma en que desarrollarías y cultivarías cualquier tipo de arte o habilidad.

De hecho, en lugar de establecer si las acciones son 'buenas' o 'malas', el budismo se refiere a estas como habilidades. Las palabras budistas para esto son *kusala* ('hábil') y *akusala* ('torpe'). Lo que determina si la acción es hábil o torpe no es únicamente la acción por sí sola, sino la intención detrás de esa acción. Los actos que son expresiones de generosidad hacia los demás, amor, buena voluntad hacia ellos o sabiduría son *kusala* y aquellas que son expresiones de egoísmo para con los demás, la mala voluntad u odio hacia otros o el delirio son *akusala*. De modo que tus estados mentales son el factor gobernante y no precisamente alguna regla preestablecida sobre lo que es 'bueno' y lo que es 'malo'. Esto significa que el budismo no proporciona ni trata de hacer cumplir un código moral dominante para que todos lo acaten de manera colectiva. Por el contrario, enseña que cada uno de nosotros debe responsabilizarse individual y personalmente de sus propias acciones. Por ejemplo, cuando el dalái lama fue cuestionado sobre su sentir respecto a la autoinmolación de los tibetanos como actos de protesta, primeramente fue muy cuidadoso al decir que el hecho de que se lastimaran a sí mismos en lugar de lastimar a otros demostraba el compromiso con la no violencia. Sin embargo, agregó que si tal acción fue provocada por el enojo y el odio sería básicamente negativa, mientras que no sería algo negativo si la motivación fuera 'primordialmente una más compasiva, de fe sincera en el Budadharma'.[7]

Este énfasis en la responsabilidad individual y personal es muy distinto al mensaje que a menudo escuchamos en los argumentos 'religiosos', que es el de que sin un esquema hecho de estándares absolutos no puede haber una conducta moral genuina (aun cuando no es difícil observar que no toda la gente 'religiosa' es 'buena' ni toda la gente 'buena' es 'religiosa'). Puede ser liberador –lo fue para mí– descubrir que practicar la ética budista no es evitar ciertas actividades prohibidas, sino desarrollar intenciones hábiles. Sin embargo, también esto implica un reto, dado

---

[7] Artículo publicado en *The Big Issue,* 2 de julio de 2012. La 'fe' en el budismo no tiene connotaciones de 'fe ciega'. Por el contrario, es algo más parecido a la confianza o la seguridad. El 'Buda-Dharma' aquí se refiere a las enseñanzas del budismo.

que la única manera de aprender una habilidad es, de hecho, practicándola. Nadie más puede hacerlo por ti.

Cuando voy a una librería me sorprendo de ver cómo la sección de cocina parece ser más extensa cada vez. Hay cientos de libros, cada uno más atractivo que el anterior. Al mismo tiempo, los anaqueles del supermercado parecen estar cada vez más y más llenos de 'comidas hechas', lo que sugiere que a pesar de que la gente compra más y más libros de cocina, en realidad cocina menos. No te volverás cocinero por el solo hecho de tener muchos libros de cocina. Aun cuando de verdad los leas únicamente los aprenderás de manera limitada. Lo sé muy bien porque soy de las personas que probablemente pasan más tiempo revisando recetas que haciéndolas. Lo que sí he notado, sin embargo, es que los libros de cocina pueden ser de dos tipos. Algunos se enfocan en dar listas exactas de ingredientes, tiempos de cocción y temperaturas de horneo, pero en otros el autor trata de comunicar el arte y el espíritu de cocinar, trata de inspirarte a sentir algo por la actividad misma, que captures el espíritu de esta, de modo que puedas responder y adaptarte a los cambios de las circunstancias, ya sea que no tienes los ingredientes completos, que tienes visitas sorpresa, tus propios estados de ánimo o el clima allá afuera. Está tratando de darte confianza de modo que no pierdas el entusiasmo de inmediato cuando algo es más difícil de lo que esperabas y está tratando de que encuentres la manera de ser creativo, de formas que sean totalmente nuevas, que si alguna vez lo conocieras, ¡tú le podrías enseñar a él! En este tipo de libros las instrucciones serán poco menos que precisas y algunas veces incluso aparentemente contradictorias.

Edward Brown, en los libros de cocina de Tassajara,[8] dice que considera que su labor no solo es enseñar a la gente a seguir recetas, sino a despertar su propia capacidad para responder a las circunstancias, a ir más allá de tan solo hacerlo bien y darle vida a la comida, junto con su propia vivacidad. Puedes ver que él está tratando de facultar a la gente, no solo hacer que la gente haga lo que les dice que hagan. Él dice:

> ...si tienes el corazón para ello, mientras trabajas en cocinar, cocinar te trabajará a ti y te refinará, de modo que salgas del fuego siendo aún más generoso.[9]

Al igual que un libro de cocina, este libro tiene la intención de ser un libro práctico. Espero que te inspire a practicar la ética de forma cada vez más creativa y, al igual que los libros de cocina de Tassajara, este no enfatiza las 'recetas'. No encontrarás ninguna regla que te diga que debes dejar de viajar en avión, empezar a beber leche de soja, hacer que tus hijos dejen de jugar Xbox, empezar a darle dinero a esa mujer indigente que ves cerca de la entrada del metro todos los días o donar tus

---

[8] Tassajara es un centro de meditación budista zen, establecido en las montañas, en California.

[9] Brown, Edward Espe, *The Complete Tassajara Book*, Shambhala Publications, Boston y Londres, 2009, p.x.

órganos vitales. En su lugar espero que te ayude a despertar con más plenitud tu capacidad para responder a las circunstancias y las situaciones de la vida con creatividad e inteligencia. Este libro ofrece una serie de principios y prácticas probadas y comprobadas por más de 2500 años, de modo que, a medida que trabajes en tu ética, tu práctica de la ética trabajará en ti y saldrás del fuego siendo aún más generoso y más sabio.

UNA LISTA DE COSAS POR HACER PARA TODA LA VIDA

Hace años, cuando trabajaba en una tienda de regalos budista en Dublín, disfrutaba de pasar mi hora de comida en una librería de sótano de segunda mano. Me encantaba notar que sí la tienda estuviera al nivel de la acera estaría llena de compradores, pero estando abajo, en el sótano, era callada y pacífica, casi como una iglesia. Recuerdo un día en particular en que hojeando un libro de poesía encontré una página arrancada de un cuaderno escrita a mano. Era una lista de cosas por hacer que decía:

Comprar un reloj despertador
Ordenar los destornilladores
No olvidar el cumpleaños de Lucy
Tratar de ser menos egoísta hoy.

Las palabras en esa lista se quedaron conmigo. Nunca sabré quien las escribió, así que siempre pienso en el autor como el 'hombre cualquiera' listando sus tareas del día. Estoy segura de que esa lista le ayudó a recordar el reloj, los destornilladores y el cumpleaños, pero ¿habrá logrado ser menos egoísta ese día? No dudo de la sinceridad de su deseo. De hecho, es debido a la sinceridad del deseo que he recordado esa lista durante todo este tiempo, pero por experiencia propia sé muy bien lo difícil que es no ser egoísta, aunque sea solo un día. Yo me propongo no ser egoísta, realmente quiero no serlo. Me doy cuenta de que es lo mejor, pero llegado el momento la situación me rebasa y me olvido. Podemos vernos tan inmersos en la cotidianidad, entre las tareas diarias y los correos electrónicos, que simplemente se nos olvida que lo que realmente queríamos hacer era ser menos egoístas. Puede resultar muy difícil imaginar siquiera cómo podría ser un estado mental sin egoísmo. En el momento que aquella persona escribió la nota con toda seguridad lo sentía, lo deseaba, viendo que eso era lo mejor, pero muy probablemente lo haya olvidado, del mismo modo en que olvidó la nota.

El budismo diría que tienes razón al desear ser menos egoísta y tienes razón al pensar que es lo más importante, pero se necesita de guía, práctica, un contexto de apoyo y un camino para lograrlo con éxito. El budismo dice que es posible alcanzar un estado mental verdaderamente libre de egoísmo y actuar a partir de esa base, no solo por un día, sino de manera consistente. El budismo describe la generosidad genuina como un estado dinámico y positivo, un estado de creatividad ilimitada. Practicar la ética budista es un camino hacia este tipo de respuesta generosa espontánea. Es un camino práctico paso a paso, realmente no tan diferente a recordar comprar un reloj despertador o asegurarte de tener el tipo de destornillador correcto.

He escrito este libro para ayudar a la persona que olvidó esa nota a vivir a partir de ese deseo de ser menos egoísta. Lo he escrito para cualquier persona que desee (además de levantarse temprano para ir a trabajar, arreglar la gaveta con ese destornillador, recordar enviar esa tarjeta de cumpleaños) estar en contacto con un espíritu de generosidad, de amor, de respuesta pura.

CÓMO USAR ESTE LIBRO

Los capítulos de este libro están organizados de modo que te lleven a través de los pasos de este camino práctico. Se podría decir que la ética tiene tres niveles. En primer lugar, te das cuenta de que es tu interés actuar de una manera no egoica. Te das cuenta de que practicar la ética te llevará a una mayor felicidad y autosatisfacción, de modo que abordas la práctica con ese espíritu. Probablemente habrá algo de lucha, pero a medida que veas los beneficios, te convencerás más y más de que esa lucha vale la pena. Este nivel lo abordo en el capítulo 1. El segundo nivel de la ética brota de tu empatía natural por el mundo que te rodea y tu deseo de no causar daño. Exploro esto en el capítulo 2. En el tercer y más alto nivel de la ética ya no experimentas motivaciones egoístas en absoluto. Requiere de compromiso e implica aprender a dejar ir tu manera instintiva de ver las cosas de forma autorreferencial, de modo que puedes ver las cosas tal y como son sin estar 'tú' en el centro de todo. Lograr esta reorientación requiere de mayor entendimiento, por lo que he dedicado los capítulos restantes a esto.

Cada capítulo en este libro contiene un ejercicio meditativo o reflexivo, indicado con 🧘 y una sugerencia de práctica para intentarla en tu vida cotidiana, indicada con ☀. En ocasiones hay una sugerencia para que escribas algo y se indica con ✎. Te exhorto a hacer estas reflexiones y ejercicios conforme accedas a hacerlas. Esto te ayudará, no solo a aprovechar al máximo este libro, sino a descubrir a un nivel más profundo el modo en que funciona la vida. Mi propio maestro, Sangharákshita, dice que 'una pizca de práctica vale mucho más que toneladas de teoría',[10] y como el budismo es primordialmente acerca de la práctica he buscado guiarnos a hacer y no solo a leer.

---

[10] Aforismo de Sangharákshita.

CAPÍTULO 1

HACERLO POR TI

Recuerdo un día que llevé a mi sobrino a su clase de natación, cuando él tenía tres años de edad. Era una época difícil en su corta vida. Su mamá estaba muy enferma (es por eso que yo estaba a su cuidado) y era propenso a ponerse inquieto. Me sentía algo nerviosa por la clase. Sin embargo todo parecía ir bien. Entonces, repentinamente, él se volvió en contra de mí.. Algo (hasta la fecha no he podido descubrir qué fue) lo hizo enfurecerse conmigo. Empezó a tratar de patearme para alejarme de él, pero en cuanto estaba a punto de liberarse de mí se veía obligado a agarrarme de nuevo, dado que no sabía nadar y odiaba que su cabeza se hundiera bajo el agua. Era un escenario trágico. Sollozando amargamente con ira y frustración, literalmente estaba tratando de alejarme de él y aferrándose a mí a la vez. A pesar de mi inexperiencia en el cuidado de un niño, era obvio que yo debía tomar el control de la situación. Tenía que sacarlo de la piscina, secarlo y cobijarlo y, a pesar de que él estuviera causando un caos, yo debía permanecer lo más calmada posible, para permitir que él se calmara.

Cuando somos niños no estamos integrados. Hay diferentes fuerzas que tiran de nosotros y no podemos completar una sola acción hasta el final. Recuerdo una ocasión, siendo muy niña, en que en un estado de ánimo u otro decidí escapar de casa y pedalear tan fuerte como pude en mi pequeño triciclo. Me fui pedaleando hasta el final de la calle y entonces recordé que los sábados había niño envuelto para la hora del té y di la vuelta de regreso. Unos buenos padres sostendrán estos dos extremos por sus hijos y serán una presencia e influencia firmes entre ambos.

Es similar a cuando alguien está alcoholizado. Cualquier chica adolescente sabrá que no debe confiar en el hermano mayor de su amiga cuando este le dice que la ama tras haberse bebido una botella de vino barato. Aunque muy probablemente él así lo crea en ese momento. Alguien que ha bebido demasiado no puede completar sus actos hasta el final. No se puede tomar con seriedad lo que dice. No tiene control de sí mismo. En ese sentido es igual que un niño. Con algo de suerte, hay algún amigo más lúcido alrededor que pueda hacer las veces de su conciencia, quitarle las llaves de su coche o resguardarlo del frío.

INTEGRACIÓN

Volverte integrado significa madurar, aprender a ser más adulto, volverte más lúcido con respecto a ti, aprender a manejarte a ti mismo. Es hacer que todas tus energías y las diferentes partes de ti vayan en la misma dirección.

Significa ser capaz de completar las cosas hasta el final y, en especial, significa aprender que tus acciones tienen un efecto en el mundo.

Otro de mis sobrinos nació en Francia y allí ha vivido siempre. Su madre es escocesa y le habla en inglés. Su papá es francés y le habla en francés. Para cuando cumplió 4 años ya podía entender perfectamente el inglés y hablarlo si se le pedía, pero de manera natural hablaba francés. Por esa época vino a Escocia a una fiesta familiar. Había muchos niños jugando en el jardín, pero mi sobrino estaba ligeramente apartado, aun estando entre ellos, vagando con el ceño ligeramente fruncido. Los demás niños le hablaban en inglés, el cual entendía perfectamente, pero él les respondía en francés y ellos no entendían en absoluto. Unas semanas después impresionó a la familia, obviamente después de ponderar el asunto, anunciando con determinación: 'La próxima vez que venga a Escocia hablaré en inglés'. Había hecho la conexión. Se había dado cuenta de que él había sido parte del enigmático misterio de lo que ocurrió durante la fiesta. Dio un paso importante en la toma de conciencia de sí mismo como parte del mundo. Se había percatado de que el mundo no es únicamente una desconcertante serie de eventos que ocurren a su alrededor, a veces benévolos, otras difíciles. Se dio cuenta de que él mismo era parte del mundo y que él mismo podía influir en él.

Este proceso de madurar lo suficiente como para darnos cuenta de que somos parte del mundo es de mucho mayor relevancia que el solo poder comunicarse con lo demás, por ejemplo, a pesar de lo importante que es esto último.

De hecho, ello forma el principio básico de la ética budista y, por lo tanto, de la práctica.

Difícilmente hablo sobre ética en el centro budista sin antes invitar a la gente a hacer un sencillo ejercicio a modo de que experimenten por sí mismos este principio en lugar de que sea simplemente algo que les estoy contando (ver el ejercicio abajo, 'Reflexión: acciones y consecuencias'). Encuentro que esto realmente ayuda a la gente a entender cualquier enseñanza budista posterior de una manera más significativa.

Sería bueno que practicaras este ejercicio antes de continuar leyendo, aun cuando ya sepas mucho sobre las enseñanzas budistas. Probablemente sea mejor si lees todo los pasos a seguir primero y luego lo realizas. Necesitarás una pluma y un cuaderno o papel también.

 **Reflexión:**
Acciones y consecuencias

Siéntate en silencio, cierra los ojos y toma un minuto en cada una de las siguientes etapas.

- Trae a tu mente, lo más vívidamente posible, algo malintencionado que hayas hecho recientemente.

- Conéctate con la forma en que esto te hace sentir físicamente.

- Conéctate con la manera en que te hace sentir sobre ti mismo.

- Conecta con la manera en que te hace sentir en relación con el mundo.

- Abre tus ojos y escribe tres o cuatro palabras sobre cómo te sentiste físicamente, tres o cuatro palabras sobre cómo te sentiste sobre ti mismo o tres o cuatro palabras sobre cómo te sentiste en relación con el mundo.

- Ahora cierra tus ojos de nuevo y trae a tu mente, de la manera más vivida posible, algo amable o generoso que hayas hecho recientemente, sin importar lo pequeño que sea. De nuevo toma un minuto para cada una de estas etapas.

- Conéctate con la forma en que esto te hace sentir físicamente.

- Conéctate con la manera en que te hace sentir sobre ti mismo.

- Conecta con la manera en que te hace sentir en relación con el mundo.

- Abre tus ojos y escribe tres o cuatro palabras sobre cómo te sentiste físicamente, tres o cuatro palabras sobre cómo te sentiste sobre ti mismo o tres o cuatro palabras sobre cómo te sentiste en relación con el mundo.

Cuando realiza este ejercicio en el centro budista, la mayoría de la gente reporta que el traer a su mente sus acciones no buenas les hace sentir físicamente tensos y contraídos, avergonzados de ellos mismos y temerosos y aislados en relación con el mundo. En cambio, traer a la mente sus acciones bondadosas les hace sentirse físicamente cálidos, orgullosos de sí mismos y 'legítimamente en la tierra', conectados con el mundo en toda su extensión.

A menudo pienso que si tan solo reflexionara en esto diariamente después de la meditación o cada noche antes de ir a dormir, me convertiría en una persona diferente.

Esto es porque la reflexión me da una experiencia directa de la relación que hay entre mis acciones y sus consecuencias. Me ayuda a darme cuenta de que mis acciones siempre tienen repercusiones, ya sea consciente de ello o no. Ayuda a que yo aprenda que mis actos no se pueden separar de mi persona. Son parte de mí y me están modificando todo el tiempo, porque todo el tiempo estoy haciendo cosas. Puedo ver esa conciencia profunda de mí misma como un agente ético, como alguien que tiene un efecto, alguien que podría guiarme, casi de manera natural, a responsabilizarme más de mis actos.

Si actúas como si tus actos pudieran separarse de ti cuando de hecho son parte de ti, estás instalando fuerzas de conflicto y desintegración dentro de ti. Mi amigo Canute, a quien mencioné en la introducción, decía que cuanto más meditaba más reconocía que emborracharse y luego buscar pleitos estaba teniendo un efecto más negativo en él del que se había dado cuenta antes. El aumento de conciencia que estaba adquiriendo con la meditación le hizo darse cuenta de que su conducta lo estaba poniendo en todos los estados mentales que le eran dolorosos por sí mismos y que, al mismo tiempo, operaban activamente en contra de lo que él realmente quería. Sentía cada vez más la insatisfacción, incluso la agonía de esto. Realizó algunos cambios, pero aún era adicto a la vida nocturna y a todo lo que esta conllevaba. El clímax vino cuando se involucró en una pelea muy seria y perdió su licencia para ser portero. Al quedarse sin trabajo tuvo tiempo para reflexionar. Se dio cuenta de que no podía continuar meditando y lograr cambiar su estado interior si no cambiaba más radicalmente la manera en que actuaba por fuera. Fue un momento crucial en su desarrollo espiritual. Tuvo que hacer cambios decisivos, como renunciar a trabajar en centros nocturnos, para poder alinear uno con el otro. Este entendimiento y los pasos que dio en consecuencia marcaron un momento crítico en su desarrollo espiritual. Desde entonces, dice, 'poco a poco empecé a crecer como una persona completa en vez de una persona que va en dos direcciones'.

La historia de vida de Canute es bastante dramática. Quizá la tuya no lo sea tanto, pero probablemente también te descubrirás a ti mismo como una 'persona que va en dos direcciones' o más, en mayor o menor medida. Quizá puedes hacer presentaciones en el trabajo sin ningún problema, pero encuentras difícil superar la timidez en tu clase de arte. Quizá a tu madre la tratas como la persona que lava tu ropa, pero eres la caballerosidad personificada ante tu novia. Tal vez nunca dices malas palabras cuando estás en un lugar como el centro budista, pero las dices naturalmente con tus amigos con los que vas al bar. Sin embargo, un día tus amigos del bar vienen al centro budista, o tú vas a cenar con la mamá de alguno de ellos o con su novia, o alguien del trabajo se une a tu clase de arte y tú no sabes muy bien cual de tus 'yo' debes ser. Una de las razones por las que frecuentemente muchas personas pueden sentirse algo nerviosas antes de estos encuentros es el hecho de que sus múltiples personalidades se verán expuestas.

Recuerdo algo que me sucedió una vez y que me hizo notar esto. Una joven estudiante había venido al centro budista y me preguntó si podía realizarme una entrevista sobre budismo para su proyecto. No recuerdo bien lo que respondí durante la entrevista, pero sin duda hablé muy elocuentemente sobre los principios del budismo, y recuerdo bien el brillo de satisfacción que sentí mientras ella estrechaba mi mano al final de la entrevista y me agradecía profusamente. Unas semanas después, estando en una tienda departamental, me di cuenta de que me habían cobrado de más y lo hice notar. Me enviaron al área de atención a clientes, para la cual había una fila que avanzaba muy lento. Para el momento en que llegué al mostrador estaba muy exasperada, lo cual, me avergüenza decirlo, dio lugar a que yo hablara de forma irritada y levantara el tono de voz a la chica de atención a clientes. De pronto, escuché un tímido "hola" detrás de mí. Me tomó unos momentos reconocer a la persona que me hablaba, pero cuando lo hice me sonrojé de vergüenza al darme cuenta de que era la joven estudiante que me había entrevistado. Me habían agarrado con las manos en la masa. Ahí había estado yo hablando sobre budismo en la comodidad del centro Budista y aquí estaba yo en la tienda, actuando muy diferente, creyendo que podía tomarme una 'pausa' de ser budista, demostrando lo lejos que estaba de ser una persona íntegra que ha alineado sus actos con sus valores más profundos.

La historia de Canute también ilustra que cuanto más conciencia traigas al hecho de que tus actos no pueden separarse de ti y que están teniendo un efecto en ti todo el tiempo, más doloroso te será experimentar la disonancia entre la forma en que sabes que te gustaría actuar y la forma cómo realmente actúas. Esto a su vez tenderá a incitarte a alinear tus acciones con tus valores más profundos.

Sin embargo, su historia también ilustra que esperar a que el cambio ocurra naturalmente podría no ser suficiente. Si quieres crecer y desarrollarte, tendrás que actuar para ayudarte a ti mismo a convertirte en una persona cada vez más completa. En otras palabras, tendrás que trabajar activamente en convertirte en alguien más integrado. De otro modo, todos los diferentes impulsos compitiendo dentro de ti tirarán en direcciones contrarias, lo cual no solo será doloroso por sí mismo, sino que detendrá tu capacidad de crecer. Mientras tus energías estén tirando en direcciones contrarias no serás capaz de comprometerte con ningún proceder específico. No podrás llevar a cabo ninguna de tus intenciones. En la siguiente sección sugeriré algunas maneras específicas de cultivar más integración.

ASUMIR RESPONSABILIDAD

Mi primera sugerencia es que practiques la toma de responsabilidad de tus propios estados de ánimo en vez de rendirte a la tendencia de culpar a las circunstancias o a otras personas.

Mi sobrino francés dio un paso significativo hacia la 'maduración' al darse cuenta de que el mundo no era solamente algo de lo que él estaba a merced, sino que él podía tomar decisiones creativas que transformaran completamente su experiencia. Es lo mismo para nosotros.

También podemos avanzar hacia una mayor madurez cuando nos damos cuenta de que, a pesar de que quizá no tengamos opción alguna en los eventos que la vida nos presenta, siempre tenemos una opción sobre la manera en que respondemos a estos.

No es fácil. El instinto de culpar es muy fuerte. Recuerdo que un amigo me preguntó cómo estaba y le respondí que estaba muy bien, de hecho, muy positiva, hasta que algún fulano o fulana se acercaba a ventilar su negatividad y se iba, dejándome de mal humor. 'Bueno', dijo mi amigo guiñando pícaramente, 'obviamente no estabas en el estado positivo en que imaginabas estar, Subhadramati'. Él me estaba señalando que un estado verdaderamente positivo es aquel que puede sostenerse sin importar lo que la vida traiga y no aquel que se desintegra con la primera dificultad. Una vez que salí de mi conmoción (yo esperaba algo de empatía), me di cuenta que me sentía sorprendentemente entusiasmada. De hecho, ese entusiasmo continúa teniendo una onda expansiva en mí casi veinte años después. No es que nunca antes hubiera escuchado hablar de esta noción de asumir tu responsabilidad, pero fue en ese momento cuando entró en mi cabeza y en mi corazón con más profundidad. En ese momento me di cuenta de que existía un potencial para la libertad.

Me di cuenta un poco más profundamente de que las cosas que me ocurren, ya sean placenteras o dolorosas, sea que surgieron de circunstancias externas o en mi propia mente, simplemente son. Ya sucedieron. Lo que es crucial, es la manera en que respondo a estas. Suceda lo que suceda, aun en lo desagradable, siempre existe el potencial para responder hábilmente, en otras palabras, mantenerse positivo. Es verdad que algunas circunstancias harán que esto parezca muy difícil. Es por ello que es bueno empezar a practicar el ejercicio de 'no culpar' en asuntos pequeños. Es importante recordar que 'no culpar' a alguien no significa que tienes que estar de acuerdo con esa persona, justificar sus actos o que tengan que agradarte. Tampoco significa pretender que algunas experiencias no son desagradables cuando en realidad sí lo son. Simplemente significa asumir la responsabilidad de tus propios estados mentales. Yo puedo experimentar el disgusto de alguien quejándose conmigo durante 20 minutos, pero eso no significa que tenga que quedarme de mal humor el resto del día. Es ahí donde yace la libertad. A la larga, esta práctica de no culpar puede cambiar completamente tu visión del mundo. Lo que habías visto como obstáculos para una acción hábil, para estados mentales positivos, se convierten en oportunidades. Esto es a lo que se refería el monje budista del siglo VIII, Shantideva, cuando dijo que hasta un enemigo es de ayuda en el camino budista, porque un enemigo te está dando la oportunidad de perfeccionar la virtud de la paciencia.[11]

---

[11] Shantideva, *Bodhicharyāvatarā*, traducción de Kate Crosby y Andre Skilton, Oxford University Press, Oxford, 1996, capítulo 6, verso 107, p. 107.

CUMPLIR CON TU PALABRA

Mi siguiente sugerencia para cultivar más integración es practicar el acto de cumplir con tu palabra; cumplir con lo que dices que harás, cumplir con tu parte en una negociación. El cumplir con tu palabra te pondrá a prueba algunas veces porque no podrás rendirte ante tus resistencias, las partes de ti que quieren una vida fácil, las que realmente no quieren cambiar. Tal vez le prometes a un amigo que le ayudarás a pintar su sala el fin de semana, pero luego otro amigo te ofrece una entrada para una obra de teatro que has estado deseando ver y es para la misma tarde en la que ya te comprometiste. Quizá le dices a un vecino enfermo que te diga si hay algo en lo que le puedas ayudar. Entonces, justo cuando sientes la calidez del brillo de tu propio altruismo, se giran y te dicen, 'de hecho, si hay algo que puedes hacer' y resulta ser algo que preferirías no hacer. Cada vez que das tu palabra tu nivel de integración (tu capacidad para acabar lo que empezaste), se pone a prueba.

A veces también prometemos de manera implícita. Cuando tomo prestado un libro de poesía de la biblioteca existe un acuerdo implícito de que lo devolveré en la fecha establecida. Me temo que no soy muy buena en esto. Me encanta sacar libros nuevos y desde luego sé que parte del trato es devolverlos a tiempo. Probablemente tengo la intención de hacerlo, pero una vez que obtuve lo que quería se hunde esa conciencia, que evidentemente no está tan desarrollada como el deseo. Perder el interés de esta manera es una actitud infantil. El autor y maestro Maitreyabandhu lo compara con 'un adolescente que tira basura en la calle tras desenvolver una barra de chocolate'.[12] En mi caso, frecuentemente se me pasa la fecha de entrega de los libros y cada vez que hago esto me demuestro mi propia falta de capacidad para cumplir mis promesas. Demuestro mi propia falta de integración.

Si no cumplir con tu palabra es un signo de falta de integración, lo mismo que estar desintegrado en sí, cumplir tu palabra te hará madurar. Te puedes volver integrado al cumplir intencionalmente tu palabra. Podrías, por ejemplo, practicar llegar a tiempo para una cita en vez de llegar tarde como siempre. Podrías darle seguimiento a las sugerencias que hiciste de reunirte un día con tu colega para tomar un café, en vez de deliberadamente dejarlo en la ambigüedad. Podrías decidir no zafarte de un plan para hacer algo porque se te presentó una oferta más tentadora o porque para la fecha acordada ya te permitiste hacer más compromisos de los que podías cumplir.

En el budismo a menudo usamos la imagen de una flor de loto como metáfora del desarrollo espiritual. Nuestro propio crecimiento se compara con sus pétalos abriéndose naturalmente, pero cuando pienso en la integración viene a mi mente una imagen muy diferente, una que es menos gentil y más contundente. La imagen en la que pienso es un rayo láser.

Siempre me gustó el láser en el laboratorio de física, con sus rayos de color hermoso, puro y brillante, aunque no podrías mirar al rayo de frente o este te fundiría. La

---

[12] Maytreyabandhu, *Life with Full Attention*, Windhorse Publications, Cambridge, 2009, p. 37.

primera vez que vi uno sentí que nunca antes había visto algo similar. No era nada parecido a la luz ordinaria de un foco o una linterna. Me gusta pensar que actuar con la conciencia de nosotros mismos como agentes morales en el mundo en lugar de actuar sin esa conciencia es como la diferencia entre la luz láser y la luz de una linterna común. Los rayos láser son mucho más que unas lámparas muy buenas. Un láser empieza con una luz tenue y consistentemente va agregando más y más energía, de modo que las ondas de luz se vuelven más concentradas cada vez. La luz de una lámpara común contiene muchos rayos de luz diferentes con diferente longitud de onda, es decir, colores diferentes, los cuales son incoherentes o desfasados unos con otros, pero en la luz láser todos los rayos de luz tienen la misma longitud de onda, lo que significa que son de un color puro y están en absoluta armonía. Debido a que están en armonía no se neutralizan unos a otros, como lo hace la luz desfasada de la linterna (o de la forma en que lo hicieron las acciones de mi primer sobrinito). Lo que hacen es sumarse. No solo eso. Al colocar espejos de cierta manera, estos muestran que toda la luz que se emite se mueve en la misma dirección, en lugar de solamente dispersarse.

Esto es lo que hace que la luz láser sea una poderosa concentración de energía. La figura 1 muestra cómo funciona esto. Así que podrías considerar añadirle cada vez más conciencia ética a tus acciones, de modo que estas se vuelvan más puras, como el color puro de un rayo láser, más coherentes, integradas y todas yendo hacia la misma dirección. En lugar de ser débiles, difusas y estar regadas por todos lados, se volverán cada vez más poderosas.

Si trabajas en volverte más integrado empezarás a sentirte más seguro de ti mismo, dado que podrás confiar en ti. Los demás también tenderán a confiar más en ti porque habrá una cierta consistencia en tu comportamiento y tu actitud. No estarás a merced de las emociones sentimentales o de tus caprichos y fantasías. Tus amigos confiarán en que no estarán sujetos a que un día te caigan bien y al día siguiente ya no. Habrá algo estable y duradero con lo cual identificarse. Años atrás, cuando estaba dando clases en el centro budista de Dublín, alguien del grupo se dio cuenta del beneficio que se reflejaba en sus amistades al ser confiable de una manera más bien encantadora. Habíamos estado discutiendo si uno debe ser siempre veraz en lo que dice o no. La conversación estaba en riesgo de volverse un poco literal, incluso legalista, cuando de pronto Matt tuvo un 'momento de iluminación'. 'Si siempre dijera la verdad', dijo, 'todos confiarían en mí. Iría caminando por la calle y la gente diría: "Aquí viene Matt, el que siempre dice la verdad"'. Nunca olvidaré la manera en que Matt pareció aumentar de estatura mientras se imaginaba esto y cómo encarnaba un orgullo, una libertad y una confianza positivos. Espero que aún se encuentre en Dublín, andando por la calle, siendo confiable por su consistencia en decir la verdad.

Para complementar, estar integrado y ser confiable no significa que te volverás aburridamente predecible. Un buda sería absoluta y confiablemente compasivo, sabio y libre de miedo, pero la forma en que esas cualidades se manifiesten sería libre y espontánea. Cuanto más integrado estés, más actuará tu conciencia ética como punto de referencia para ti, de modo que te permitirá ser más libre y espontáneo.

KARMA

Entender que eres un agente ético y que tus acciones tienen consecuencias es entender lo que el budismo llama ley del karma.

Este siempre es un tema muy popular y controvertido. En nuestros sábados abiertos en el centro budista tenemos sesiones de muestra de meditación, charlas y debates. Normalmente acuden cientos de personas. Para muchas de ellas es su primera vez en un centro budista. Cuando elegimos el tema del karma para alguna de nuestras charla no me sorprende ver el recinto totalmente lleno. Tampoco me sorprende cuando al preguntar a los asistentes qué creen que significa la palabra *karma* la mayoría de las respuestas son 'suerte' y 'destino'. El diccionario de sinónimos de mi portátil agrega a estas 'azar', 'providencia', 'casualidad', 'fortuna', 'coincidencia', 'accidente' y 'predestinación'.

Con frecuencia, la gente piensa que la ley del karma significa que todo lo malo que le ocurre a uno es su propia culpa. Lo cierto es que en el budismo, el sánscrito 'karma' simplemente significa 'acción' o, más acertadamente, 'acción voluntaria o volitiva' (a diferencia de una acción involuntaria, como el ponerte nervioso en presencia de alguien que te atrae). El karma incluye acciones de habla y de mente, al igual que del cuerpo. Al fruto o las consecuencias de la acción se les llama *karma-vipaka*. La ley del karma establece que las consecuencias de una acción volitiva, es decir, de karma, son acordes al impulso volitivo detrás de la acción.

Para poder entender esto más adecuadamente ayuda mucho establecerlo en el contexto de la percepción fundamental del Buda sobre la naturaleza de la realidad.

El Buda vio que toda la realidad está conformada por procesos que no son fortuitos o predestinados, sino que surgen y cesan en dependencia de una red de condiciones. En otras palabras, existen leyes naturales que gobiernan la relación entre las condiciones y sus efectos y el Buda vio que esto se aplica a todo: los procesos en el mundo externo, los procesos en la mente humana y los procesos por los cuales él mismo nació como un ser humano, alcanzó el estado al que llamamos iluminación y así se convirtió en Buda. De manera general, esto es la ley de la condicionalidad o, bien, 'origen dependiente'.

Un erudito del siglo V llamado Budaghosha categorizó estos procesos en cinco grupos diferentes, donde cada grupo de procesos está gobernado por una ley natural o *niyama*. Sangharákshita a su vez le ha dado a la enseñanza de los cinco *niyamas* un planteamiento más completo. Ha enfatizado su importancia crucial y ha sustraído de estos las implicaciones que están implícitas en la clasificación de Budaghosha, siendo la más importante de estas que la enseñanza del Buda sobre la condicionalidad opera en todos los niveles posibles.

Así que tenemos:

1. Las leyes naturales que gobiernan la materia inorgánica (por ejemplo, la ley de la gravedad).
2. Las leyes naturales que gobiernan la vida orgánica (por ejemplo el proceso de fotosíntesis).

3. Las leyes naturales que gobiernan la conciencia simple, incluso los instintos (desde el más simple: la boca se te hace agua cuando hueles las patatas fritas con vinagre, hasta el más complejo, la forma en que los pingüinos encuentran su camino a casa).

4. La ley natural que gobierna la relación entre nuestras acciones intencionales y los efectos de nuestras acciones (este es el *karma-niyama*).

5. La ley natural que implica que los seres humanos pueden convertirse en budas (este es el *Dharma-niyama*).

Estas dos últimas son las que se aplican particularmente a la vida espiritual, porque afectan a la conciencia individual que está consciente de sí misma. Retomaré los procesos de *dharma-niyama* en el capítulo 8. Por ahora, continuaré explorando el *karma-niyama*, la ley del karma.

Karma-niyama es el funcionamiento en un nivel de la ley de la condicionalidad en general. La ley del karma aplica donde sea que haya mente y voluntad. Es la ley que gobierna la vida ética. Esta recalca la importancia central de tus estados mentales.

Karma-niyama es como decir que el universo está estructurado de tal forma que las consecuencias de una acción consciente se relacionan con el impulso volitivo detrás de esta. Así que si actúas hábilmente, es decir, desde la conciencia y las intenciones no egoístas, te sentirás enriquecido y amplificado en general. Te sentirás más conectado con otros y experimentarás una retroalimentación placentera de tu entorno. Lo más importante es que todo ello significará que te verás más estimulado por

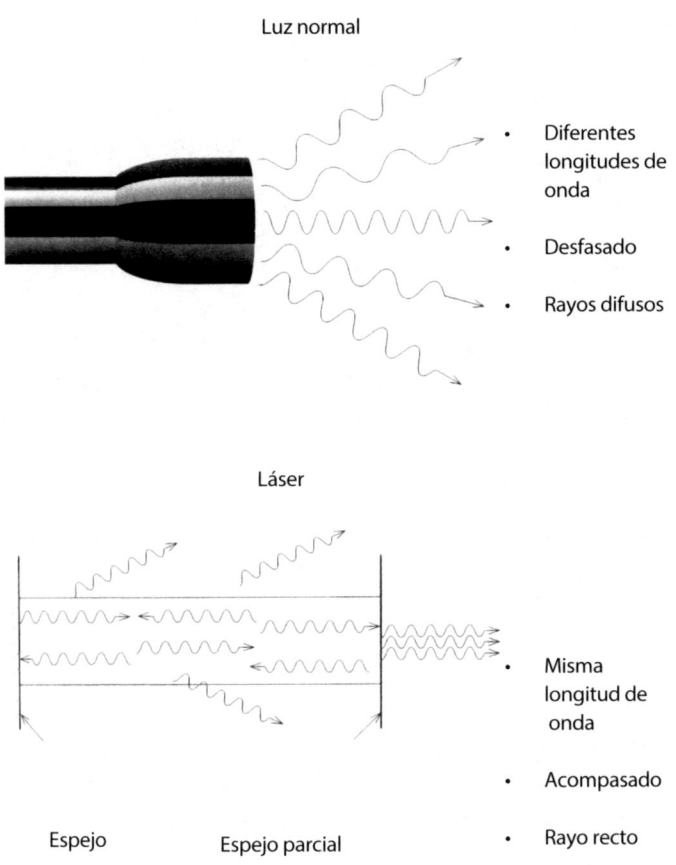

Fig. 1: Un modelo sobre cómo funcionan la conciencia y la integración.

tus impulsos de conciencia y generosidad. Por el contrario, si actúas torpemente, es decir, desde la inconsciencia y las intenciones egoístas, en general te sentirás empobrecido y contraído. Te sentirás aislado de los demás y experimentarás retroalimentación desagradable de tu entorno. De manera crucial habrás reforzado los hábitos de la inconsciencia y el egoísmo.

Así que el budismo no requiere de un esquema de estándares absolutamente éticos. No necesita las nociones de 'bueno' o 'malo'. En su lugar, el budismo te pide que examines tu experiencia más profundamente, especialmente para que te vuelvas más consciente de las intenciones que yacen detrás de tus acciones y te brinda prácticas y enseñanzas que te ayudan a transformar tus impulsos torpes en hábiles. Te ofrece prácticas para transformar tu inconsciencia en conciencia, tus impulsos egoístas en generosos y tu odio en amor y compasión.

Hay una gran cantidad de implicaciones que plantear de esta breve descripción de la ley del karma. En primer lugar, puesto que hay cinco *niyamas* no puedes estar seguro de que lo que te ocurra a ti o a alguien más, ya sea bueno o malo, se deba a una acción hábil o torpe del pasado. Podría ser el resultado de uno de los cinco *niyamas* o una mezcla de ellos. De modo que mi dolor de estómago puede ser el resultado de: (a) comer encurtidos; (b) un virus estomacal; (c) la excitación nerviosa por recibir a cien personas en un recinto; (d) el arrepentimiento por disgustarme con un amigo o, de hecho, una combinación de todas estas.

En segundo lugar, de acuerdo con el budismo los procesos y operaciones de nuestra mente son acciones en sí mismos. Así que no es únicamente el actuar desde intenciones específicas lo que hará que estas tendencias se vuelvan más fuertes. El estado mental en el que te permites morar también se fortalecerá. Así que, por ejemplo, si te mantienes repasando discusiones mentalmente la tendencia al enojo y la irritación se fortalecerá. El Buda dijo que estos se grabarán en tu carácter, tal como si los tallaras en una roca.[13] Por el contrario, morar en estados de generosidad y conciencia y actuar desde ellos traerán como consecuencia que te conviertas en alguien para quien estos estados sean cada vez más naturales.

En tercer lugar, aunque no podemos asegurar que cada cosa que te ocurre necesariamente sea el resultado de tus propias acciones, al mismo tiempo tenderás a crear el mundo en que vives. Soy muy afecta a contar una de las fábulas de Esopo para ilustrar esto. La historia trata de un hombre que está sentado en un cruce de caminos. Poco después, un viajero con apariencia gruñona se acerca y le dice: 'Oye tú, ¿cómo es el siguiente pueblo? ¿La gente es honesta y amigable?'. El hombre en lugar de responder directamente le pregunta: '¿Cómo es el pueblo del que vienes? ¿La gente es honesta y amigable?'. 'Para nada', respondió el viajero, 'todos eran unos ladrones, mentirosos, flojos, buenos para nada y sinvergüenzas'. 'Ah', le respondió el hombre, 'lamento decírtelo, pero el siguiente pueblo no es mucho mejor que ese'. El viajero continuó su camino gruñendo. Poco después otro viajero se acercó sonriente y le preguntó:

---

[13] *Lekha Sutta*, en *Anguttara Nikāya: The Further-Factored Discourses*, publicado por John T. Bullit, disponible en http: //www.accesstoinsight. org/Tipitaka/an/index.html, accedido el 10 de abril de 2013.

'Disculpe buen hombre, ¿me puede decir cómo es el siguiente pueblo? ¿La gente es honesta y amigable?'. El hombre le hace la misma pregunta al segundo viajero, quien le responde: 'En el último pueblo todo el mundo era amable, generoso, trabajador y honesto' y el hombre le responde, 'Me complace decirle que encontrará todo eso en el próximo pueblo'. La moraleja de esta fábula es, desde luego, que ambos viajeros venían del mismo pueblo, pero lo han experimentado de formas totalmente distintas. Yo pienso que este pequeño cuento está diciendo algo más allá de la noción de que personas diferentes ven el mundo a través de cristales muy distintos. La vida es más dinámica que eso. Nosotros afectamos al mundo. Podría decirse que atraemos hacia nosotros a personas y experiencias en particular. Opera una especie de afinidad. Tengo un amigo que tiene una disposición particularmente alegre. Estoy segura de que experimenta el mundo como un lugar lleno de gente sonriente y amigable. Es demasiado modesto para darse cuenta de que todo el mundo se ha animado solo porque él acaba de entrar al aula.

En cuarto lugar, la ley del karma es parte de un sistema *natural*. El Buda no inventó la ley del karma, al igual que Isaac Newton no inventó la ley de la gravedad. ¡Isaac Newton no puede haber sido la primera persona en la historia en ver una manzana caer al suelo! Pero de la misma manera en que Newton, dotado de una imaginación fértil y maleable, fue capaz de ver la riqueza de la implicación de lo que observó, igualmente lo hizo el Buda, aunque de una manera mucho más global. No pretendo decir que el Buda era simplemente un científico glorificado, sino enfatizar que la ley del karma opera como lo hacen las leyes de la gravedad o la termodinámica. Puedes saber de ella o no, creer en ella o no, pero igual está operando sin necesitar un 'supervisor cósmico' y mucho menos un juez cósmico para otorgar premios y administrar castigos.

A veces trato de imaginar cómo sería yo si fuera igual de sensible a la ley del karma como lo soy a la ley de gravedad.[14] Mientras escribo esto me estoy quedando en una isla escocesa. Todos los días salgo a caminar o a correr por la costa. Hay una bajada de aproximadamente un metro a un costado del pavimento, hacia el agua si la ola está dentro y hacia las rocas si la ola está fuera. La mayor parte del camino hay un enrejado de acero protegiendo el borde pero hay una sección donde no hay reja y el borde está expuesto. Instintivamente sé que no debo correr justo por el borde, que pisar lejos del borde significa que no saldré volando por los aires como personaje de caricatura o, bien, volar, pero aterrizar en el agua o en las rocas. Nada de eso me encantaría, pero no necesito pensarlo. El conocimiento está 'en mis huesos'. Creo en la ley del karma intelectualmente y hasta cierto punto (como resultado de mis reflexiones, como la que se encuentra al inicio de este capítulo) creo en ella emocionalmente también, pero ¿y si la conociera hasta los huesos, de manera tan profunda como conozco la ley de gravedad? Ese conocimiento afectaría todas mis acciones. Vería que no vale la pena dejar que los resentimientos

---

[14] Tomé esta idea de una charla que dio Subhuti a los miembros de la Orden Budista Triratna en 2011.

se pudran o se mantengan hasta que se conviertan en indignación mojigata. No le hablaría a mi amiga con dureza, sin importar cuan justificadamente me pareciera y vería que hasta la más pequeña de mis acciones no es insignificante, como podría pensar lo. Devolvería mis libros a tiempo.

Sugerencia de Práctica:
Cumplir con tu palabra

Esta práctica se trata de seguir hasta el final los compromisos que has hecho. En primer lugar debes decidir por cuánto tiempo deseas realizar esta práctica. Una semana es un tiempo razonable. Anota el 'tiempo de terminación'.

Ahora decide el ámbito en el que llevarás a cabo tu práctica. Por ejemplo:

- Puedes elegir llegar a tiempo a todas tus citas.
- Puedes elegir no hacer planes de forma vaga sino ser muy claro.
- Si practicas meditación, podrías decidir apegarte a continuar cada sesión y no abandonarla.
- Si tienes cosas que te prestaron y ya deberías haberlas devuelto, podrías hacerlo ahora.
- Quizá hay otra área que sea apropiada para ti.

Tal vez quieras pensar en algunas maneras de recordarte que estás llevando esta práctica. Puedes colocar una nota en el refrigerador o poner algún protector de pantalla especial.

También sería buena idea anticipar cualquier dificultad y pensar en cómo podrías resolverla.

- Cuando llegues al final del período de tu práctica revisa cómo lo hiciste.
- Si lograste hacerla, ¿qué te ayudó?
- Si no lo lograste, ¿qué hizo falta?
- ¿Cuáles fueron los efectos de realizar o de intentar realizar la práctica?
- ¿Piensas continuar con ella?
- Si planeas continuar, ¿por cuánto tiempo?

CAPÍTULO DOS

HACERLO POR LOS DEMÁS

La enseñanza sobre el karma que exploramos en el capítulo 1 se expresa poéticamente en los primeros dos versos del *Dhammapada*, 'El Camino de la Verdad', de la tradición oral que preservó la enseñanza del Buda, escrito en el siglo I antes de la era común:

> *Las experiencias son precedidas por la mente, dirigidas por la mente y producidas por la mente. Si uno habla o actúa con una mente impura, el sufrimiento le sigue como la rueda de la carreta sigue al buey que tira de ella.*
>
> *Las experiencias son precedidas por la mente, dirigidas por la mente y producidas por la mente. Si uno habla o actúa con una mente pura, la felicidad le sigue como una sombra que nunca se va.*[15]

---

[15] *Dhammapada*, traducido al inglés por Sangharákshita, Windhorse Publications, Birmingham 2001, p. 13 [aquí, en español, según la versión de Alberto Blanco, Fondo de Cultura Económica, México, 2007.

Aunque algunos maestros budistas consideran que las diferentes comparaciones (como la rueda de la carreta a diferencia de la sombra) solo son incidentales, otros han abundado en las diferencias: la carreta, representando el sufrimiento producido por la falta de habilidad, es una carga para el buey que tira de ella; mientras que la sombra, representando la felicidad producida por la habilidad, no representa ninguna carga para el cuerpo.[16] Esto hace eco en mí. El sufrimiento por la falta de habilidad realmente lo siento como algo que me ancla y me obstaculiza, mientras que la felicidad que brota de la habilidad trae consigo un sentido de ligereza y libertad.

Por ejemplo, cuando recibo una carta de la biblioteca y sé (sin siquiera abrirla) que es un recordatorio de que estoy retrasada en la entrega de mis libros me siento avergonzada, agobiada, y un poco paranoica. Odio la carta que está dentro del sobre porque siento que me está señalando con un horrendo dedo acusador, aunque si la abriera vería que es totalmente respetuosa. Cuando finalmente devuelvo los libros a la biblioteca casi no puedo mirar al bibliotecario a los ojos y toda mi experiencia de acudir a la biblioteca es mucho menos placentera. Por el contrario, cuando devuelvo los libros a tiempo, apoyada en el hecho de haber escrito en mi agenda la fecha en que deben regresarse en el mismo momento en que los tomé prestados,

---

[16] *Dhammapada*, traducido al inglés por Thanissaro Bhikkhu, Dhamma Dana Publications, Barre 1998, p. 137; citado en Ratnaguna, *The Art of Reflection*, Windhorse Publications, Cambridge 2010, p. 93.

en lugar de huir codiciosamente con ellos, me siento clara, ligera y cómoda en el mundo, porque estoy libre de remordimientos.

La palabra budista para expresar el estar libre de remordimientos es *avippatisāra*, y el sentimiento asociado con este es *pāmojja*. Traducido como 'deleite', *pāmojja* se caracteriza por un sentido de unidad, armonía e integración.[17] *Pāmojja* es importante porque, como humanos, necesitamos placer. El problema es que gran parte de nuestra búsqueda de placer está mal dirigida. Para empezar, a menudo esta contiene elementos fuertemente adictivos. Una vez que lo tuviste quieres más, pero la recompensa obtenida pasa y ello en último término llevará al dolor. Por el contrario, dado que *pāmojja* no se basa en la avidez, no llevará al dolor. La noción de *pāmojja* (el deleite particular de una conciencia clara) te ofrece la posibilidad de un placer saludable. De hecho, podrías considerar el viaje espiritual como una cuestión de cultivar placeres saludables para reemplazar a los placeres neuróticos. Es decir, los que están vinculados al dolor. Como dijo un buen amigo mío una vez, 'si actuáramos sobre lo que en realidad nos hace felices en lugar de sobre lo que pensamos que nos hace felices ya estaríamos Iluminados'.

A muchos de nosotros nos resulta extraño pensar en la ética y la moral como algo placentero y alegre. Con frecuencia asociamos la ética con restricción, incluso puritanismo y melancolía, pero *pāmojja* te trae enriquecimiento y contento

---

[17] Sangharákshita, *The Three Jewels*, Windhorse Publications, Purley 1977, p. 112.

y contiene dentro de sí las semillas de su propia intensificación, en lugar del muy conocido e inevitable empobrecimiento. Existen otros tipos de placeres saludables, como estar en contacto con la naturaleza o contemplar una hermosa obra de arte, pero como sabrá muy bien cualquier persona que haya visto un atardecer junto a alguien con quien acaba de discutir, sin una conciencia clara no puedes realmente disfrutar con plenitud ningún otro placer. Ya en la introducción mencionamos que una conciencia alterada obtendrá como resultado meditaciones alteradas, en contraste con una conciencia clara, que permite que la meditación se profundice.

RESONAR CON LA VIDA

Pero ¿serán razones suficientes para practicar la ética el sentirse más contento y enriquecido o, incluso, el tener meditaciones más profundas? Si me encontrara dando clases en el centro budista en este momento, estoy bien segura de que alguien ya me habría interrumpido, diciendo: 'Un momento. Desde luego que no practicamos la ética solo para que nos sintamos más felices y más realizados. Es cierto que la vida no es simplemente una cuestión de egoísmo inteligente. ¿Qué hay de nuestro efecto en los demás?'.

Esa pregunta toca una paradoja, la de la vida espiritual, que señala que la única manera de ser verdaderamente felices es preocupándonos profundamente por el bienestar de los otros. Por ejemplo, hablamos de la alegría que surge de tener una conciencia clara, pero la 'conciencia clara' es una metáfora. Lo que llamamos 'conciencia' no es realmente algo que reside en alguna parte dentro de ti en condiciones diversas de perfecta limpieza o suciedad. Es más una sensibilidad, una habilidad para resonar y sentir empatía con otros seres vivos que no sean tú mismo. Podrías decir que la vida en ti tiene el potencial para resonar y sentir empatía con todo lo que vive. Esto a su vez hace surgir un deseo por el bienestar de otros. Cuanto más puedas liberarte del interés propio, ese deseo por el bienestar de otros se volverá más potente y te sentirás más realizado. En otras palabras, encontrarás que la felicidad y la realización personal paradójicamente tienen todo que ver con el grado de identificación imaginativa que puedes sentir hacia otros seres vivos.

Es más fácil ilustrar esto con un ejemplo, así que he aquí dos historias. La primera es de la vida real. En nuestro último retiro de invierno una mujer me contó sobre un momento de percepción. Empezó a hablarme de que nunca había podido entender el por qué el budismo Triratna enfatizaba el vegetarianismo como una forma de ser un 'buen budista' y, desde luego, podía soltar ejemplos de budistas ilustres que no eran vegetarianos. Pero luego, en la meditación tuvo una visión espontánea de un rebaño de gansos salvajes volando por encima de su cabeza. ¡Eran tan hermosos y tan libres! Repentinamente le pareció alarmante reducir esa libertad y esa belleza encerrando a aquellas criaturas en una jaula, para después matarlas y comerse su carne. Al mismo tiempo se dio cuenta de que, de alguna manera, estos gansos eran parte de ella y que ella era parte de ellos. Dijo: 'sabía que lastimarlos sería como lastimarme a mí misma'. Aún puedo recordar el fulgor de su expresión mientras hablaba. Había tenido un destello de la verdad más profunda que la práctica del vegetarianismo está tratando de señalar, la verdad sobre la conexión de todos los seres vivos. Fue una experiencia concreta del hecho de que cuanto más resuenes con otros seres vivos como seres vivos, más incapaz te volverás de dañarlos. Será más natural ayudarlos y, al hacerlo, tú mismo realizarás tu humanidad más profundamente.

Sin embargo, si a falta de esta resonancia niegas las vidas de otros, negarás tu propia humanidad, como algunos de los personajes en la novela de Martin Amis, *God's Dice*. El héroe de la historia es Bujak, quien está dotado de una fuerza física sobrehumana. Él llega a casa y encuentra a su madre, hija y nieta, todas ellas brutalmente asesinadas y a los dos asesinos todavía en el lugar. Él podía matarlos fácilmente, pero no lo hace. 'No quise añadirle más a lo que encontré', dice.

Me di cuenta de que no eran humanos. No tenían idea de lo que era la vida humana. ¡Ni idea! Mutaciones terribles, una desgracia para su moldura humana.[18]

Aquí los asesinos, por su acto de violencia, han negado completamente la solidaridad de un ser humano (como ser humano) con otro. Se han convertido, en términos de

---

[18] Martin Amis, *God's Dice*, Penguin, Londres, 1995, p. 23.

Bujak, en 'mutaciones', aunque con forma humana, porque carecen del sentido de solidaridad que es parte de la naturaleza del ser humano, de tal forma que han privado a sus semejantes de lo que era más preciado para ellos, su propia vida.

Matar podría ser la forma más extrema de violencia, pero esta puede definirse como 'hacer a otra persona, por el medio que sea, lo que no desea que le hagamos'.[19] Esto significa que eres violento cada vez que intentas reafirmarte a costa de otra persona. El *Oxford English Dictionary* nos dice que ser 'inhumano' es 'carecer de la bondad *natural*'.[20] Ser realmente humano consiste entonces en ser capaz de reconocer y actuar desde ese sentido de bondad natural, ese sentido de solidaridad entre un ser vivo y otro.

Eso significa que cada vez que rompes esa solidaridad estás yendo en contra de algo que es inherente a la naturaleza humana. De hecho, estás negando tu propia humanidad. En cambio, volverse más profundamente humano significa aprender a afirmar a otros. Te inclinarás a afirmar a los otros cuando tengas una identificación imaginativa con ellos y te inclinarás a negar a otros cuando carezcas de ella.

---

[19] Sangharákshita, *The Ten Pillars of Buddhism* [*Los Diez Pilares del Budismo*], Windhorse Publications, Cambridge, 2010, p. 67.

[20] *Oxford English Dictionary*, disponible con suscripción en http://www.oed.com/ accedido el 26 de abril de 2013.

EL MODO DEL PODER Y EL MODO DEL AMOR

Sangharákshita ha acuñado los términos 'modo del poder' y 'modo del amor' para describir estas dos formas diferentes de operar.[21] Al aprender a volvernos más verdadera y profundamente humanos, nuestro trabajo es aprender a distinguir estos dos modos y hacer todo nuestro esfuerzo para cambiar del modo del poder al modo del amor de todas las maneras posibles. Esto significa encontrar tantas maneras como sean posibles de afirmar la vida en otros en vez de negarla. Se requiere mucha habilidad. Podría no ser siempre obvio lo que significa en la práctica conectarse con el amor. Ciertamente no significa ser siempre 'lindo' con los demás, al igual que afirmar a otros no significa aceptar y condonar todo lo que hagan. Si estoy siendo irracionalmente crítico con alguno de mis colegas, mi amigo no estará actuando desde el modo del amor si se confabula conmigo. Actuar desde el modo del amor puede implicar tener el valor de retar a alguien. Afirmar a alguien significa involucrarse con su potencial. Significa apoyar sus fortalezas, no ser cómplice de sus debilidades.

Desde luego, la vida nos presentará muchas complicaciones. El modo del amor y el modo del poder son claramente distintos; el amor no es poder y el poder no es amor. Podrían existir en paralelo, dado que todos tenemos poder, por lo menos en algunos ámbitos, pero aun cuando tienes poder en alguna situación, puedes elegir no usarlo. Si lo

---

[21] Sangharákshita, *Los diez pilares del budismo*, p. 72.

usas, puedes hacerlo bajo las pautas del modo del amor. Por ejemplo, durante una jornada electoral tienes un grado de poder, el cual ejerces votando. Si votas de la manera en que sientes que es lo más benéfico, en su conjunto, estarías usando tu poder bajo el auspicio de tu amor.

Como regla general, si se te solicita hacer algo a alguien en contra de su voluntad, puedes asegurarte de que el modo del poder permanezca subordinado al modo del amor usando la mínima cantidad de fuerza posible. Yo solía trabajar en una tienda de regalos dirigida por budistas en un barrio bajo de Dublín. El robo hormiga en la tienda era algo rutinario. Estaba claro para mí que teníamos que hacer todo lo posible para detener a los ladrones, incluso prohibirles la entrada a la tienda. En primera instancia teníamos el deber de proteger los artículos de la tienda. Éramos sus custodios, pero de acuerdo con el budismo hay una responsabilidad aún más global que esta. Tradicionalmente, el budismo dice que es responsabilidad de un buen rey asegurarse de que el orden social refleje la ley del karma para apoyar a la gente a que practique hábilmente y también para ayudarles a desarrollar la espiritualidad. Tomando esto en cuenta, también teníamos la obligación de intentar apoyar al orden social siendo un orden moral.[22] Obviamente, necesitábamos ser cautelosos con esto y no permitir que ningún medio torpe justificara el fin. Pedirle a una mujer que llevaba ocultos bajo su suéter tres móviles de viento que los pagara o los

---

[22] Sangharákshita, *Transformándose uno y al mundo*, Windhorse Publications, Birmingham 1955, p. 209.

devolviera a su lugar implicaba invocar el modo del poder. Sin embargo, en tales circunstancias tratábamos de no usar más fuerza de la que era necesaria. Podíamos prohibirle el acceso a la tienda, pero no necesitábamos ser duros con ella. Podíamos mantener la justicia sin invocar al odio o buscar venganza al hacerlo.

Profundizar el sentido de solidaridad entre tú y otras personas implica adoptar, incluso abrazar, cada vez más el modo del amor. El modo del poder te tentará con su atractivo de obtener resultados más rápidos y salirte con la tuya. Dejar que la gente sea ella misma libremente, no aprovecharte ella y confiar en la posibilidad de su cooperación voluntaria mientras le permitimos la opción libre de no cooperar, no son acciones fáciles de lograr. Puede parecer más fácil jugar con sus sentimientos de culpa o de estar en deuda para, sutilmente o no tan sutilmente, tratar de manipularlos, pero aun si te sales con la tuya por estos medios, lo que obtendrás será limitado e irá en detrimento de la profundización de tu sentido de conexión entre ti mismo y otros seres vivos y, por lo tanto, de volverte más humano.

CONCIENCIA DE LOS DEMÁS

Hacer el cambio del modo del poder al modo del amor depende de que te entrenes para identificarte imaginativamente con otros. En el capítulo 1 hablé de mi deseo de profundizar mi fe en la ley del karma hasta que se vuelva tan fuerte como mi fe en la ley de la gravedad. Al practicar la identificación imaginativa con otros cada día, momento a momento, tu propio centro de gravedad empezará a cambiar. Empezará a volverse más natural el actuar de maneras en las que abunde la generosidad en lugar de que carezca de ella. El siguiente ejercicio, 'Identificarte imaginativamente', te guiará a hacer esto paso a paso.

Reflexión:
Identificarte imaginativamente

Necesitarás una pluma y papel para este y funcionará mejor si lees todas las instrucciones antes de empezar el ejercicio.

Siéntate en silencio, cierra los ojos, y trae a tu mente algo que alguien en tu vida hace y que te molesta.[23] Quizá tu hijo adolescente devora todo lo que hay en el refrigerador; tu compañero de casa deja que su leche se agrie y apesta toda la casa, o tu marido nunca limpia el baño después de usarlo.

Nuestra tendencia normalmente es pensar que lo hacen para molestarnos.

Pero solo para este ejercicio, te pido que te pongas en sus zapatos.

---

[23] Este ejercicio, en teoría, podría hacerse con algo que disfrutes acerca de la conducta de otro, pero es menos probable que te detengas y quieras reflexionar cuando las cosas están saliendo como tú quieres.

Así que primero dedica dos o tres minutos a imaginar, lo más vívidamente que te sea posible, qué tú eres ellos, haciendo eso que te molesta.

Ahora pregúntate (sin dejar de imaginar que eres ellos), '¿cómo me siento mientras lo hago? ¿En qué estoy pensado?' Cuanto más suspendas tu propia narrativa habitual, mejor funciona el ejercicio. Podrías incluso sentirte liberado al soltar temporalmente tu propia historia o tu versión de los hechos.

Ahora dedica alrededor de cinco minutos, aún en tu 'personaje', a escribir lo que te motiva a hacer eso en particular.

Ahora deja a la persona que estás imaginando ser y lee lo que escribiste. ¿Cómo te sientes leyéndolo? ¿Y cómo te sientes respecto a esa persona haciendo esa acción en particular?

Mi amiga que vive en el oeste de Irlanda está casada con un alemán. Solía volverse loca con el particular gusto de él por poner *rock* alemán a todo volumen, rompiendo por completo la paz de su tranquilo domicilio rural. Cada vez que esto ocurría, ella se veía a sí misma encolerizándose internamente, pensando que él era un desconsiderado y que había sido muy injusto que ella tuviera que lidiar con él. Entonces un día, durante un retiro, decidió cancelar su propia historia sobre lo que estaba ocurriendo y, en lugar de ello, se puso en los zapatos de él y escribió: 'Dejé Alemania porque quiero estar con Geraldine, porque la amo, pero extraño mi país y poner música alemana significa mucho para mí. Me trae un pedacito de Alemania a Irlanda'.

Geraldine dice que después de escribir esto sus sentimientos cambiaron completamente. En lugar de odiar cuando él encendía la música, sentía el deseo de incluso incentivarlo para que la pusiera más a menudo, tantas veces como él quisiera. No era una especie de martirio. Era como si ella hubiera ampliado sus propias fronteras. Lo que él quería se había vuelto literalmente lo que ella quería. Su voluntad ya no era diferente a la de él y la experiencia misma era expansiva y alegre. Shantideva describe los efectos de esta voluntad para ampliar los estrechos límites de nuestros hábitos y suposiciones a los mundos de otros:

> *Aquellos que sufren en este mundo lo hacen debido a su propio deseo de felicidad. Todos aquéllos que son felices en este mundo lo son debido a su deseo por la felicidad de otros.*[24]

El mensaje es muy claro entonces: para volvernos más verdaderamente humanos necesitamos cultivar más la resonancia con los demás. Dicho de un modo más sencillo, para volverse más verdaderamente humano se necesita aprender a amar a los otros y para amar a los otros necesitamos ser conscientes de ellos. De hecho, el amor es la conciencia del otro. No podemos simplemente ser positivos con la gente, como Selwyn, uno de los personajes en la novela de Penelope Fitzgerald, *El inicio de la primavera*. Selwyn, quien se ha vuelto 'espiritual' y que con la 'falta de sentido de un benevolente' siempre está buscando

---

[24] Shantideva, *Bodhicharyāvatarā*, traducción de Kate Crosby y Andre Skilton, Oxford University Press, Oxford 1996, capítulo 8, verso 129, p. 99.

internamente una nueva desgracia, no quiere perderse la oportunidad de pasar a ver a su amigo Frank cuando se entera de que la esposa de este lo ha dejado. Al final de la visita vemos a Frank, el esposo abandonado, sosteniendo su cabeza entre sus manos, sintiendo que 'podía lidiar con cualquier cosa excepto con la generosidad terca'.[25]

MODALES

La idea de que la ética budista se trata primordialmente de ser consciente de los demás se resalta en la manera en que un importante académico budista, el doctor Guenther, traduce la palabra *sīla*, que es la palabra en pali que normalmente se traduce como 'ética'. Él la traduce como 'ética y modales'.[26] Podríamos tender a subestimar los modales viéndolos como simplemente cuestiones de convención social o como la propia 'moral convencional', de la cual las enseñanzas budistas están tratando de alejarnos, pero hay un aspecto muy positivo en los modales. Podríamos, de hecho, decir que practicar los modales es un modo mucho más refinado de tener en cuenta la sensibilidad de los otros. Practicar los modales puede volverse el medio por el cual expreses tu cuidado

---

[25] Penelope Fitzgerald, A la Deriva, *Human Voices*, El Inicio de la Primavera, Everyman's library, Londres 2003, p. 280.

[26] Gampopa, *The Jewel Ornament of Liberation*, traducida y comentada por Herbert V. Guenther, Rider and Company, Londres 1970, p. 163.

y consideración hacia los demás. De un modo más poético, los modales pueden ser la lámpara a través de la cual la luz de tu cuidado y consideración brillen. Así que, aun cuando algo no parezca éticamente significativo para ti (y mientras no vaya activamente en contra de tus valores), puedes elegir considerar ciertas cortesías, dado que deseas tomar en cuenta los sentimientos y la conveniencia de otras personas.

Así que, por ejemplo, como vegetariana comprometida, yo nunca comería carne, aun cuando ello avergüence a alguien que me la ofrece. Puesto que comer carne iría activamente en contra de mis valores éticos, los 'modales' pasan a segundo término en este caso. Pero en cambio, si estoy en una peregrinación budista por la India, pondré mucho más cuidado de lucir muy pulcra y prolija en los sitios sagrados, de modo que no avergüence a mis amigos budistas indios, a diferencia de cuando estoy en la desaliñada Gran Bretaña, donde los dobladillos deshilachados están de moda y hasta me ganarían algo de prestigio en el Centro budista. A un nivel más individual, mientras que a mí me hace feliz que otros conozcan detalles de mi vida personal, algunos de mis amigos prefieren ser más discretos. Ninguna tendencia es más o menos ética que la otra. Sin embargo, es de buenos modales que yo recuerde la sensibilidad de mi amigo y no lo ponga en una posición en la que se sentiría avergonzado.

El poeta Shelley escribe que el 'gran secreto de la moral' radica en 'imaginar intensa y exhaustivamente', ponerse en 'el lugar de otro y de muchos otros', de modo que sus dolores y placeres se vuelvan tuyos.[27] Practicar de esta forma significaría que tu actitud ética se exprese en los detalles más finos. Como resultado de tu deseo de ser realmente consciente de los otros notarías que tu conducta puede causarles una ofensa o inconveniencia y tratarías de evitarla. Tu actitud ética brillaría a través de esos detalles. Es por esto que la traducción de *sīla* es 'ética y modales'. Como resultado de tu práctica de los modales, se profundizará tu consideración y respeto por los demás y tu ética se volverá más refinada.

EXPANDIRTE

El 7 de julio de 2005, durante la hora pico matutina, cuatro bombas explotaron en diferentes autobuses y trenes del metro de Londres matando a 56 personas y lesionando a 700. Recuerdo que uno o dos días después de lo que vino a ser conocido posteriormente como 'los bombardeos del 7/7' estuve en una charla pública ofrecida por un orador budista. Todos estábamos en un estado de gran emoción. El orador describió cómo había temido por la vida de su propio hijo y su alivio al enterarse de que su hijo estaba a salvo. Escucharlo hablar me recordó una ocasión en que estaba en casa de mi abuela cuando tenía unos 7 años. Las

[27] Percy Bysshe Shelley, *En Defensa de la Poesía y otros ensayos*, disponible en http://www.goodreads.com/quotes/77496, accedido el 26 de abril de 2013.

noticias nocturnas mostraban escenas en blanco y negro, donde se colapsaban las gradas del estadio de fútbol de Ibrox, en Escocia. Llegaban reportes de que decenas de fanáticos habían sido mortalmente aplastados. Mi tío Pat, el hijo de mi abuela, había asistido al partido y no había llegado a casa aún. No existían los móviles en esa época. 'Si está muerto, está muerto', decía mi abuela, poniendo cara de valiente al hacerlo. Sin embargo, obviamente se sintió aliviada, al igual que toda mi familia, cuando tras unas tensas horas entró ileso por la puerta. Desde luego que el hecho de que no fuera uno de los muertos contabilizados significaba que el hijo o el esposo o el padre de alguien más sí lo eran. No recuerdo cuántos de nuestros pensamientos les dedicamos.

Es a esa inclinación a preocuparnos por nuestra propia familia y amigos antes que a cualquier otra cosa a lo que el orador de aquella charla se estaba refiriendo. Recuerdo que preguntó: 'Esta tendencia a preocuparnos principalmente por nuestros seres queridos, ¿es buena o mala?'. Repitió la pregunta con mayor fuerza una y otra vez: '¿Buena o mala? ¿Buena o mala?'.

Cuanto más pensé en esto después, más llegué a la conclusión de que la pregunta sobre si esta tendencia es 'buena o mala' no era lo importante en realidad. Al parecer, estamos programados para tener un instinto protector hacia nosotros mismos y por extensión hacia nuestros seres queridos, en especial hacia nuestros hijos, si los tenemos. Es lo que nos ha ayudado a nosotros y a todo nuestro linaje de antepasados a sobrevivir. La palabra budista para esto es *pema*, que normalmente se traduce como 'afecto', en el sentido de la solidaridad común del ser humano. Es una emoción social y, aun a pesar de estar limitada por ser condicional, es positiva porque conlleva un aspecto de 'dar y recibir'.[28] Es un buen comienzo.

La pregunta entonces se vuelve, 'con esta tendencia como tu punto de partida, ¿hacia dónde te diriges después?'. ¿Creas o intentas crear un pequeño espacio interior seguro, que se protege del resto del mundo? ¿O con ayuda de tu imaginación utilizas este valioso 'tú y los tuyos' como base para la expansión? ¿Puede esta expansión ir más allá del punto en donde sientes que habrá algún tipo de reciprocidad? En el recuento de los daños de los desastres con múltiples muertes, ¿puedes, al mismo tiempo que sientes alivio porque tu propio ser querido esté a salvo (esta vez), sentir una conexión y preocupación imaginativa por aquellos que no tuvieron la misma suerte? (Mientras lees este libro puedes reflexionar que alguien más que lo esté leyendo seguramente se encuentra en esa situación). Si perdiste a alguien que amas en esas circunstancias, ¿puedes expandir tu empatía y compartir el alivio de aquellos que (por lo menos esta vez) tuvieron más suerte?

Aunque podría parecer un sueño lejano o, incluso, imposible de imaginar que un día nos preocupemos por todos los seres humanos como lo hacemos por nuestra madre, nuestro padre, nuestra pareja o nuestro hijo, las

---

[28] Ver Sangharákshita, *Amor incondicional*, Ediciones CBCM, México, 2010.

enseñanzas del budismo están señalándonos el entendimiento de que:

Somos nosotros quienes estamos en un sueño cuando imaginamos que solamente nuestros vínculos cercanos con amigos y familia son importantes.[29]

Puedes empezar a realizar cada día, de formas prácticas, este sueño de tener la capacidad de amar más incondicionalmente. Una manera muy concreta de expandir tu círculo de empatía es hacer deliberadamente acciones bondadosas sin esperar una recompensa. Es muy fácil caer en una especie de regateo o en la postura de llevar un conteo. Al pensar, 'yo vacié la lavadora, el recipiente del compost,, el arenero del gato la última vez. No es mi turno. No es justo', probablemente tengas razón. Puede no ser justo. En cuyo caso probablemente sentirás que tienes toda la justificación para dejar que se derrame el recipiente del compost o lo que sea, con la esperanza de que el culpable finalmente lo note y, desde un punto de vista, estás disculpado, pero quizá intentes verlo de otro modo. Cuando traigo un poema a mi taller de poesía puedo justificar cada línea, cada pausa, ¡cada palabra! El problema es que, como dice mi maestra de poesía sonriendo dulcemente: 'Solo porque hay una justificación para ello, querida, no significa que es buena poesía.' Quizá podrías

---

[29] Ibíd.

pensar en tu vida más en términos de escribir un poema que como un ejercicio de contabilización.

Hablando de manera personal, uno de los ejemplos más impactantes que he conocido de alguien que decidió que su meta sería convertirse en alguien de ayuda en lugar de alguien que tuviera la razón, más los efectos positivos de eso, sucedió cuando yo formaba parte de un equipo de trabajo dirigiendo un restaurante. Era un negocio budista y lo manejábamos muy estrictamente bajo las pautas de una cooperativa. En retrospectiva me doy cuenta de que algunos de nosotros (yo incluida) lo hicimos en un modo bastante orientado al yo. Creo que lo llamábamos 'ser asertivo'. Todos estábamos trabajando arduamente, todos estábamos cansados y cuanto más cansados estábamos, más reforzábamos nuestras defensas, cada uno determinado a no hacer una sola cosa que no fuera 'nuestro' trabajo, vigilando celosamente a los demás para asegurarnos de que estuvieran al día. Temo decir que algunos de nosotros nos vimos inmersos en un estado más bien negativo. No estábamos inspirados, nos apuntábamos con el dedo los unos a los otros, nos culpábamos unos a otros y por lo menos una persona se reportaba enferma con regularidad. Entonces, una chica llegó al equipo y trajo con ella una actitud muy diferente. 'Te ves cansado', le decía a alguien. '¿Por qué no te tomas la tarde libre? Yo trabajaré tu turno por ti'. 'Esta sala de personal podría lucir mucho mejor para nosotros. Voy a tomarme unos días para pintarla'. No pasó mucho tiempo antes de que empezara a ocurrir un cambio. Todos comenzamos a mirar más unos por los otros, a ayudarnos, a notar cuando alguien estaba cansado, no para sentir resentimiento hacia él, sino para ofrecerle nuestra ayuda. El lugar entero se volvió más disfrutable para trabajar. Era como estar en un campo de generosidad mutua. Todos se veían beneficiados por esto. En lugar de tener solo a una persona cuidando de ti (tú mismo), ¡tenías a seis o siete! Ya era muy difícil que alguien se reportara enfermo. Probablemente todos trabajábamos más. Lo cierto es que éramos más productivos, pero nadie iba contando eso. Se sentía más como jugar en vez de trabajar. Toda la cultura había cambiado.

Todo esto no habría ocurrido si una primera persona no hubiera corrido el riesgo. Desde luego, esto iba contra todo pronóstico. Ella no podía haber sabido realmente lo que pasaría. Debe haberlo hecho por el bien de toda la situación. Esto me enseñó que si podemos aprender a 'amar donde no hay razón para amar',[30] a ayudar donde no hay razón para ayudar, estaremos contribuyendo a crear un mundo mejor para todos.

COMPASIÓN

Hasta ahora he hablado mucho en este capítulo sobre la identificación imaginativa con otros, pero ¿qué pasa si alguien está haciendo algo que verdaderamente estás teniendo problemas para entender? Algo que tal vez hasta sientas que, de hecho, no puedes entender. Podría ser que alguien

---

[30] Sangharákshita, *Mente reactiva y creativa*, Windhorse Publications, Birmingham 1995, p. 11.

pareciera estar causando dolor a otros deliberadamente o que alguien estuviera empeñado en su propia destrucción. Esto puede ser algo particularmente doloroso de presenciar en el caso de alguien a quien amas: un hijo anoréxico, un padre alcohólico, un hermano que regresa una y otra vez a una relación abusiva. Puede ser difícil encontrar sentido a su conducta y puede sentirse como que nuestro mismo amor por ellos lo hace más doloroso para nosotros. En situaciones como estas, me ayuda reflexionar que, desde el punto de vista del Buda, que es el punto de vista de una mente que tiene el total entendimiento de que el sufrimiento es el resultado inevitable de la avidez egoísta, cada ser no iluminado en su deseo por ser feliz y sentirse realizado actúa equivocadamente, de maneras que le causan sufrimiento a otros y a sí mismos. Viendo esta trágica situación, la respuesta de un buda es un flujo de compasión. Viendo a todos los seres vivos atrapados en un ciclo interminable, 'haciendo lo que siempre han hecho, obteniendo lo que siempre han obtenido', un ser iluminado estaría obligado a ayudar a aliviar su sufrimiento sin sentirse agobiado mientras lo hace.

A pesar de que todavía no estés iluminado, como el Buda, puedes intentar tener una perspectiva más profunda del sufrimiento humano. Puedes reflexionar que todos los seres humanos no iluminados están sumidos en la avidez. Este es el gran dilema humano. Todos padecemos del mismo síndrome. Reflexionar sobre este hecho puede activar la compasión por todos los seres, incluido tú mismo. Si bien toda la reflexión del mundo no hará que las dificultades de la vida desaparezcan (ni siquiera un buda puede quitarle el sufrimiento a alguien ni puede evitar que las acciones de esa persona tengan consecuencias), reflexionar de esta manera puede ser el primer paso para modificar tus respuestas al comportamiento de otros. Reflexionar así puede ayudarte a transformar la ansiedad escandalosa o la lástima emocional en una compasión más genuina. Reflexionar así puede hacer que te detengas y no agregues más al problema.

Por 'reflexión' no me refiero a algo indiferente o distante. Para que este tipo de 'reflexión' sea efectiva necesita contener una fuerte carga emocional. Muy a menudo, en los círculos budistas contamos historias de vida y a veces las ilustramos con fotografías. Puede ser conmovedor ver fotografías de una pareja joven mirando orgullosamente a su bebé o de niños jugando felices con una manguera en el jardín y luego escuchar, entre el amor y el positivismo, sobre relaciones que resultaron mal, celos, venganza, traiciones. Al mirar estas fotografías, frecuentemente siento que se me desgarra el corazón ante la idea de lo devastados que esa joven pareja y esos niños en las fotos estarían si pudieran ver el futuro y ver algunos de los inesperados y dolorosos giros que tomarán las cosas. Estoy casi segura de que nunca tienen la predisposición de lastimarse uno al otro, lastimar a aquellos que amaron ni lastimarse a sí mismos, pero de alguna manera han formado surcos que establecerán la tendencia de sus vidas. Esta es la aflicción de la condición humana. Todos los seres, incluyendo nosotros mismos, queremos ser felices. Todos queremos realizarnos, pero una y otra vez hacemos cosas que nos causan sufrimiento. Reflexionar así es un buen antídoto para cualquier tendencia que pudiéramos tener a sentir lástima por aquellos que están 'peor que nosotros'. Si continuamos reflexionando, veremos que la única manera de realmente ayudar a otros es poniéndonos a nosotros mismos en una posición con más perspectiva que la que tenemos actualmente, para desarrollar más sabiduría y compasión. El deseo de convertirnos en una persona que tenga cualidades para verdaderamente ayudar se expresa en esta oración tibetana:

> *Todos los seres humanos que han sido mi madre y mi padre deambulan en el samsara. Así que, con un irresistible anhelo, cultivo el irresistible anhelo de convertirme en un buda.*[31]

Aquí, una vez más, tenemos la sugerencia de empezar con la buena voluntad natural que sentimos por nuestra propia familia y expandir a partir de ella. En la tradición budista tibetana, la frase 'todos los seres, que son mi madre y mi padre' probablemente se tomaría literalmente. Con su creencia en el renacimiento, los budistas tibetanos podrían creer que a lo largo de tantas eras cada ser humano ya ha sido, de hecho, su madre y padre, pero podemos usar la frase 'que son mi madre y mi padre' para simbolizar a todos aquellos a los que estamos naturalmente cercanos.

La oración no está diciendo que tenemos que esperar hasta que estemos iluminados para poder responder. Recientemente leí en un libro un consejo que decía que

---

[31] El samsara no es, cómo a veces se dice, un lugar. Más bien significa ir de un lado a otro. Es algo que hacemos; *'samsarizamos'*.

antes de que te preocupes por otros debes 'preocuparte primero por ti mismo', de la misma manera que cuando viajas en avión las instrucciones son: 'En caso de emergencia póngase la máscara de oxígeno usted primero'. De hecho, no es la primera vez que escucho la misma analogía, pero el amor y la compasión en realidad no son lo mismo que las provisiones de oxígeno que han sido almacenadas para un caso de emergencia, listas para usarse a través de una máscara. El amor y la compasión no son cantidades predeterminadas y medibles de las cuales necesitas tener suficientes tú primero antes de estar listo para dar a los demás. En sus memorias, el poeta John Burnside llega a una conclusión similar. Al escribir sobre un período oscuro de su vida dice que desconfía de ese viejo cliché: 'no puedes amar a otros hasta que aprendas a amarte a ti mismo'. Dice que en su experiencia fue algo más como:

> *No puedes aprender a amarte hasta que no encuentres algo en el mundo a lo cual amar [...], lo que amamos en nosotros somos nosotros amando.*[32]

De manera similar, no llegamos a un punto llamado 'iluminación' y entonces empezamos a ayudar a las personas. Más bien es del deseo no egoísta en constante crecimiento de ayudar a las personas de lo que está hecho el camino a la iluminación.

---

[32] John Burnside, *Una mentira sobre mi padre,* Jonathan Cape, Londres, 2006, p. 252.

Sugerencia de práctica:
Contactar

Durante los próximos días haz algo por alguien más donde no haya algo evidente para ti. Podrías hacerlo de forma anónima incluso. Haz el esfuerzo de interesarte en la persona y revisa, lo mejor que puedas, que lo que elijas hacer sea realmente de ayuda y hazlo lo más sinceramente que puedas.

Más adelante revisa lo siguiente:

¿Qué efecto tuvo tu acción en ti?

¿Qué efecto puede haber tenido en la otra persona?

¿Te gustaría continuar esta práctica de contactar?

CAPÍTULO TRES

HACER ALGO QUE FUNCIONA

Hasta ahora he venido enfatizando que nuestra vida ética depende de nuestra habilidad para involucrarnos imaginativamente con los demás, pero ¿qué pasa si, a veces, tu imaginación no llega tan lejos? ¿Qué pasa si te despertaste con una fuerte resaca o si te encuentras desesperadamente celoso de alguien o te sientes tan deprimido que difícilmente tienes el valor para salir de la cama? ¿Acaso el budismo está tratando de insinuar que debes esperar hasta que te encuentres en un estado 'positivo' para poder hacer algo?

O qué tal si, como con cualquier arte o habilidad, has empezado tu práctica ética con inspiración, entusiasmo y sinceridad, pero conforme se va tornando más sería, te das cuenta de lo poco que en realidad sabes y de cuánto hay por aprender. Es como un arma de dos filos. Cuanto más sabes, más te das cuenta de todo lo que te falta por saber. Te vuelves dolorosamente consciente de todos aquellos aspectos y dimensiones que antes felizmente ignorabas. Tendrías que hacer un esfuerzo bastante deliberado para regresar a esa ignorancia, si es que esto es posible. Sin embargo, no puedes ver realmente cuál es el siguiente paso a tomar. Esto, incluso, puede venir acompañado de una especie de desesperanza.

Regresando a nuestra analogía del libro de cocina, en la introducción, es interesante que Edward Brown, autor de los libros de cocina de Tassajara, a quien también conocimos en la introducción, diga que al paso de los años empezó a apreciar el valor de las recetas, después de tanto rehuirlas. Me imagino que tratar de comenzar a cocinar sin recetas, con todo el éxito y el fracaso que esto le implicó, lo llevó a apreciarlas. Dice que se dio cuenta de que los escritores de buenas recetas le estaban diciendo: 'Aquí tienes algo que funciona, algo que puedes intentar, algo sobre lo cual empezar a construir'.[33] Se dio cuenta de que seguir recetas puede expandir tu repertorio de posibilidades y que, al aprender de aquéllos que lo han hecho antes que tú, puedes crecer como cocinero.

En la comunidad budista en la que vivo, cuando es mi turno de cocinar y no me siento con ánimos de hacerlo o si los ingredientes mismos no lucen prometedores (quizá todo lo que tengamos sea un manojo de nabos), tomo un libro de cocina. Muy probablemente elegiré uno del que haya intentado algunas recetas antes y conozca cómo funcionan. Por lo general esto me da ánimo. A veces hasta me inspira.

En las ocasiones en que he probado algo rico, digamos la sopa escocesa de mi abuela o la salsa de espagueti de mi amigo italiano, pensé: '¿Cómo pueden saber tan delicioso

---

[33] Edward Espe Brown, *The Complete Tassajara Cookbook*, Shambhala Publications, Boston y Londres, 2009, p.x.

las lentejas y la cebada o unas cuantas latas de tomate? Les preguntaré, "Oye abuela, oye Tony, ¿cómo hiciste esto?" Con algo de suerte me darán sus recetas, aun cuando estas nunca procedieran de un libro. Más aún, puesto que he probado sus versiones tengo un estándar que yo sé que estoy tratando de alcanzar. Así que, a pesar de que nunca haré una sopa igual a la de mi abuela o una salsa para pasta igual a la de Tony, el esfuerzo de intentar probarlo me enseñará, por sí mismo, a ser una mejor cocinera.

A mí me gusta cocinar. Si a ti no, espero que puedas sustituir esto con alguna otra manualidad o habilidad. Si lo piensas, probablemente te darás cuenta de que hay muchas cosas que has aprendido, muchas que te han enseñado y que, muchas veces, esas habilidades fueron pasadas de generación en generación y han venido acompañadas de algún principio rector o instrucciones que tus maestros te impartieron (de manera formal o informal). La reflexión, más adelante, te ayudará a contactar con esto.

Uno de mis primeros recuerdos es el de mi madre enseñándome a tejer cuando yo tenía cuatro años de edad. Aún puedo sentir la textura y ver el color verde pálido de la lana que estaba yo transformando en una bufanda para mi muñeca. Recuerdo la manera en que mi madre me enseñó cómo sostener las agujas y luego cómo hacer una puntada. Después, cómo me entregó las agujas para permitirme intentarlo mientras ella me miraba. A veces me frustraba, pero ella seguía motivándome y pacientemente repetía cada paso junto conmigo. En ocasiones yo lo hacía todo mal y ella lo descosías y lo reparaba por mí.

Finalmente pude tejer sin que ella me observara, aunque por un tiempo yo seguí acudiendo a ella si me atascaba en algo. Recuerdo el placer de sorprenderla con algo que había hecho por mí misma.

Reflexión:

Aprender de un maestro

Necesitarás una pluma y un papel para esto y funcionará mejor si lees todas las instrucciones antes de hacer el ejercicio.

Siéntate en silencio, cierra los ojos y trae a tu mente un arte o habilidad que hayas aprendido de alguien a quien consideres un 'buen maestro'. Si no consideras que tuviste buenos maestros, baja tus estándares un poco. Por ejemplo, si estás leyendo esto, alguien debe haberte impartido la maravillosa habilidad de la lectura en algún momento.

Ahora dedica unos minutos a reflexionar las siguientes preguntas:

- ¿Había alguna regla o pauta que debía seguirse para aprender la habilidad?
- ¿Cómo te enseñó estas pautas tu maestro?
- ¿Hubo alguna cualidad especial de este maestro que te ayudó a aprender de él?
- ¿Los beneficios de aprender de él se extendieron más allá del arte o habilidad en particular que te estaba enseñando?

Ahora abre los ojos y escribe una oración o dos con relación a cada una de las preguntas.

Ahora lee lo que escribiste. ¿El ejercicio te ha provocado reflexiones posteriores?

....

¿QUÉ HARÍA EL BUDA?

Aprender de un maestro puede ayudarte a mantenerte en contacto o reconectarte con tu inspiración. También puede motivarte a alcanzar un estándar más alto. El budismo, tomando en cuenta el hecho de que no siempre podrás confiar en tu propia sabiduría e inspiración para guiar tus actos y que naturalmente buscarás ir más allá de tus estándares actuales, te ofrece lo que llama preceptos o principios de entrenamiento. Los preceptos vienen en varias listas y aquí voy a presentar dos de estas listas: los cinco preceptos y los diez preceptos. Debido a que es muy importante la manera en que enfoques los preceptos, y puesto que enfocarlos de la manera equivocada puede resultar desastroso (y uso esta palabra deliberadamente), voy a dedicar el resto de este capítulo a analizar la manera de abordarlos y después introduciré los preceptos en el capítulo 4.

Lo que los budistas llamamos la práctica de la ética es simplemente la manera en que el Buda actuaría de manera natural. Lo que los budistas llaman preceptos es un intento por escribir los principios que podemos tomar de las acciones de un buda. Es como si el Buda, al darnos los preceptos, nos estuviera diciendo, 'aquí tienes algo que funciona, algo que puedes intentar, algo sobre lo que puedes empezar a construir'. De modo que los preceptos no son reglas, sino principios tomados de la forma en que actuaría naturalmente un ser con una sabiduría muy amplia, pleno de compasión y con una energía ilimitada. Los preceptos son principios de entrenamiento tomados voluntariamente por personas que tienen la esperanza de ver en ellos a un buen maestro, alguien que está tratando de ayudarnos a ser lo mejor posible.

La 'ética' entonces es la manera en que un ser iluminado actuaría naturalmente, y somos afortunados al contar con historias de la vida del Buda histórico, que han sido relatadas a través de los tiempos para mostrarnos ejemplos de dichas acciones. A continuación, voy a narrar algunas de esas historias. Son las más conocidas y probablemente las más queridas, así que quizá las hayas escuchado o leído antes. No obstante, como toda buena historia, vale la pena leerlas de nuevo.

Primero está la historia de Angulimala. Él era un bandido y un asesino, lo que en nuestros tiempos llamaríamos un asesino en serie. Su nombre, que significa 'collar de dedos', surgió porque le cortaba un dedo a cada una de sus víctimas y lo amarraba en una guirnalda que llevaba alrededor del cuello. Mientras andaba suelto toda la gente del pueblo tenía miedo de salir. Un día el Buda se dispuso a tomar camino rumbo a la región en donde se sabía que estaba Angulimala. Todo el mundo estaba fuera de sí, preocupado, advirtiéndole al Buda que se mantuviera alejado de ahí, pero él hizo caso omiso a las advertencias. Cuando Angulimala miró al indefenso monje acercándosele pensó que tenía un blanco fácil. Comenzó a seguir al Buda, pero extrañamente, a pesar de que el Buda caminaba a paso normal, Angulimala no podía alcanzarle. Enfurecido le gritó, '¡Detente, monje, detente!' a lo que el Buda se giró y le dijo con total serenidad: 'Ya me detuve, Angulimala. Detente tú'. Angulimala, sabiendo que un monje solo hablaría con la verdad le preguntó al Buda cómo era eso posible. El Buda le contestó: 'Yo me he detenido porque me he liberado de la violencia hacia todos los seres, mientras que tú estás actuando descontrolado hacia los seres'. Impresionado con la actitud carente de miedo del Buda y con sus palabras, Angulimala se reformó y se convirtió en un discípulo.

Tenemos luego la historia del monje que sufría de disentería. Esta ocurre en la época de lluvias, cuando la comunidad de los monjes, discípulos del Buda, detenían su andar y se establecían en un campamento de cabañas. El Buda estaba haciendo una ronda por las cabañas cuando se encontró con un monje que yacía enfermo sobre su propio excremento. '¿Qué te ocurre?', preguntó el Buda. 'Tengo disentería', le respondió el monje. '¿Quién te cuida?', 'Nadie'. '¿Cómo es eso?', 'Le soy inservible a la comunidad ahora'. El Buda, junto con su asistente Ananda, comenzó a atender al monje enfermo, limpiándolo y poniéndolo lo más cómodo posible. Entonces el Buda recorrió la comunidad para tratar de establecer lo que había ocurrido. Cuando hubo escuchado de sus propios labios que sí, de hecho, sabían que había un monje enfermo, que nadie lo estaba cuidando y que, en efecto, esto se debía a que ya no le era útil a la comunidad, el Buda los instó firmemente a la tarea de cuidarlo. Les recordó que, dado que todos habían dejado el hogar para convertirse en vagabundos indigentes, debían actuar como una familia unos con los otros.

Luego está la historia de Kisagotami. Ella había perdido lo único que le era preciado y que representaba todo para ella: su bebé varón. No solamente había perdido al bebé que amaba, sino que había perdido el estatus que había ganado al tener un hijo. Una vez más estaría a merced de sus indeseables parientes políticos. En medio de su angustia y negación llevaba a su bebé muerto a todos lados, preguntándole a todos si sabían de alguna medicina que pudiera curarlo. Alguien se compadeció de ella y la envió con el Buda, quien la miró con compasión y le dijo: 'Puedo curar a tu hijo si tú puedes hacer una cosa'. Desde luego ella estaba lista para hacer lo que fuera. 'Tráeme una semilla de mostaza', pidió él, 'pero debe venir de un hogar en el que nadie haya muerto'. A donde quiera que iba Kisagotami todos estaban deseosos de entregarle una semilla de mostaza, pero en ningún lado pudo encontrar un hogar en el que nadie hubiera muerto. Al final, el mensaje del Buda la traspasó. Este mensaje es que la causa de la muerte puede ser una enfermedad o un accidente, pero la razón para morir no es la enfermedad o el accidente. La razón por la que morimos es porque nacemos. Nadie escapa a ello. Viendo la verdad sobre esto y que ella no estaba exenta del sufrimiento, Kisagotami pudo llevar el cuerpo de su hijo al crematorio y luego se convirtió en una discípula del Buda.

Con frecuencia, la historia de Angulimala se cuenta para ilustrar la falta de miedo del Buda. También ilustra, de manera poderosa, la auténtica autoridad de su noviolencia y nos da una pista sobre cómo estas dos se conectan. A menudo el miedo nos hace estar a la defensiva, pero no había actitud defensiva en el Buda. Él podía validar completamente y con confianza la humanidad de Angulimala. En otras palabras, había confiado completamente en el modo del amor, de manera que no había necesidad de recurrir al modo del poder. La autoridad de la no violencia del Buda detuvo a Angulimala en su camino de manera literal y figurativa. Lo reformó por completo.

Un punto más sutil de esta historia es que el Buda se relacionó con Angulimala más allá de la simple etiqueta de "asesino en serie". Un amigo mío que ha cumplido condena en prisión me señaló este aspecto. Frecuentemente etiquetamos a las personas y, por lo tanto, los limitamos. Es un tipo de violencia hacia ellos. Etiquetar a alguien de ese modo es robarle la plenitud de su humanidad. El Buda no lo hizo. Se acercó a Angulimala con una actitud abierta y generosa.

La generosidad del Buda se ilustra en la historia del monje que padecía de disentería. Al ver al monje enfermo, el Buda, ante todo, vio a un ser humano. Resonó profundamente con esa vida y actuó para afirmarla. El Buda no se puso a considerar si el monje era 'útil' o 'inútil'. Simplemente vio a un ser sufriendo y se sintió obligado a actuar para aliviar ese sufrimiento. Además, actuó con prontitud. No perdió un solo momento. No fue quisquilloso. Me lo imagino diciéndole a Ananda, 'Tú le tomas los pies y yo la cabeza. Lo limpiaremos'. No solo eso. El Buda también fue generoso con los otros monjes. No se apresuró a sacar conclusiones. Les dio el beneficio de la duda, aplazando el juicio hasta que hubo establecido la verdad sobre la situación. Esto puede ser muy difícil de hacer. Es muy fácil inferir rápidamente nuestra versión de los hechos y luego reunir 'evidencia' para sustentarla, convenciéndonos a nosotros mismos de que estamos siendo 'objetivos'. El Buda no lo hizo de esa manera, ya que valoraba mucho la verdad, pero una vez que estableció la verdad sobre la situación, no se mordió la lengua para hablar. Fue muy firme con sus discípulos. Los reprendió y se aseguró de que supieran las consecuencias de sus actos, enseñándoles, así que la amabilidad y la generosidad también implican el no permitir que la gente se libre de sus responsabilidades. Hay un momento para ser firme.

Luego, en la historia de Kisagotami, de entre todas las historias, se revela la extraordinaria comunicación compasiva del Buda. Como siempre, habló con veracidad, pero no apaleó a Kisagotami con la verdad. Debido a su profunda empatía fue capaz de guiarla hacia la verdad y dejar que ella la descubriera por sí misma.

Lo que también me impresiona es que estas historias no se basan en milagros.[34] En lo particular, para mí, la historia de Kisagotami contrasta con la historia bíblica de Jesús levantando a Lázaro de la muerte.[35] Cuando era niña esa historia siempre me causaba conflicto, porque sabía que Lázaro tendría que morir de nuevo en algún momento, así que sus hermanas volverían a sentir la pena del

---

[34] Parece como si ocurriera un fenómeno sobrenatural cuando Angulimala no puede alcanzar al Buda, pero su papel en la historia, yo diría, es hacer que se comunique el punto principal en vez de ser el punto principal en sí.

[35] John 11:1-46, *King James Bible*.

duelo de la misma forma. Me siento más satisfecha e inspirada por el entendimiento que experimentó Kisagotami, el cual implicó que ella nunca vería a la muerte de la misma manera en que la había visto hasta entonces. Para mí, el verdadero 'milagro' es que no existe situación a la que el Buda no pudiera encontrar una respuesta positiva. Para quien quiera que se encontrará por el camino, sin importar en qué estado, ya fuera un asesino o una madre enloquecida por el dolor, siempre tenía una respuesta creativa y útil que afirmaba la vida.

Estas historias nos dan una noción de la manera en que un ser iluminado actuaría naturalmente. Los preceptos son un mejor intento por comunicar los principios detrás de esas acciones. No son simplemente unas instrucciones sobre qué hacer, a manera de un intento por comunicar lo que era el Buda. Practicar los preceptos significa tratar de escuchar a la presencia que se comunica a través de ellos.

Es difícil recordar esto. La tendencia a la literalidad está muy arraigada en nosotros. Es por eso que se da mucho el caso de que cuando vemos una lista de preceptos nuestra mente tiende a reducirlos a una lista de reglas. En cuanto lo hacemos, dependiendo de nuestro temperamento, reaccionamos a esas 'reglas', ya sea rebelándonos o, bien, ateniéndonos a ellas.

NO SE TRATA DE SER BUENO

Si nuestra tendencia es a atenernos, bien podríamos terminar como Bertha, en el cuento de Sakí, 'El cuentista' y en lugar de ser éticos estaremos siendo 'buenos' o, incluso, 'terriblemente buenos'.[36]

En esa historia una tía está tratando de entretener a tres niños durante un largo viaje en tren, pero no está teniendo mucho éxito. Voluntariamente, un pasajero empieza a contarles una historia sobre una pequeña niña llamada Bertha, quien era extraordinariamente buena. El interés momentáneo de los niños empezó a apagarse enseguida. Solo cuando el joven agregó que Bertha era 'horriblemente buena' surgió una ola de reacción a favor de la historia. Descubrimos que Bertha era tan buena que ganó una medalla por obediencia, otra medalla por puntualidad y una tercera por buena conducta, las cuales llevaba prendidas a su vestido. Como premio adicional se le permitió pasear por el parque de la princesa. Mientras iba caminando y congratulándose de sí misma se le acercó un lobo feroz. Lo primero que este notó fue que Bertha llevaba un delantal tan perfectamente blanco y limpio que se podía ver a gran distancia. Ella corrió y se escondió entre los arbustos y al principio el lobo no pudo encontrarla, pero el temblor de su cuerpo hizo que la medalla de obediencia tintineara contra las medallas por buena conducta y puntualidad. Ante el sonido involuntario el

---

[36] Saki, H. H. Munro, 'El Cuentista', en *The Best of Saki*, Orion Publishing Group, Londres, 1995, p. 149.

lobo corrió hacia los arbustos. Sus ojos brillaban por el triunfo. Arrastró a Bertha hacia afuera y la devoró hasta el último bocado.

A los niños, la palabra 'horriblemente', vinculada a la bondad, los mantuvo interesados y le dio un toque de realismo a la historia, del cual carecían los cuentos de la tía. Al final, por unanimidad, decidieron que la historia era 'hermosa'. Probablemente todos conocemos (y detestamos) a algunas 'Berthas', que portan sus 'buenas acciones' y 'principios' como medallas; colegas que se aseguran de que sepamos cuántas horas extras se quedaron esta semana o compañeros de departamento que nos lanzan miradas fulminantes porque olvidamos reciclar nuestro envase de yogurt. El *bodhisattva*[37], en cambio, dice Sangharákshita, porta su ética 'ligera como una flor'.[38]

En otra parte de la historia nos enteramos de que Bertha lamentó mucho descubrir que no había flores en el parque, pues había prometido a sus tías, con lágrimas en los ojos, que no cortaría ninguna. Así que, desde luego, se sintió como una tonta al ver que no había ninguna que cortar. Esta es la revelación. Al ser 'buena', la principal preocupación de Bertha era la impresión que estaba dando. En otras palabras, estaba desesperada por la aprobación de los demás. Si tiendes a ser este tipo de 'bueno', en esencia la raíz de esto es que necesitas la aprobación de los

---

[37] Alguien que ha dedicado su vida a alcanzar la iluminación en el beneficio de todos los seres.

[38] Aforismo de Sangharákshita.

grupos o círculos a los que perteneces y dependes emocionalmente de ellos: tu familia, tu lugar de trabajo, la sociedad en general. Esto significa que terminarás no pensando, no sintiendo o no actuando por ti mismo, sino ateniéndote a los valores del grupo o a lo que percibes que son los valores del grupo.

Claro que la necesidad de aprobación, aceptación y reconocimiento es muy fuerte para la mayoría de nosotros. El primer paso para transformar esta tendencia es empezar a notarla y reconocerla. ¡Por lo general, la mejor manera de darnos cuenta de que buscábamos aprobación o reconocimiento es no obteniéndolo! Al inicio del capítulo 1 mencioné que hacía algunos años mi hermana había estado seriamente enferma y que pasé unos meses junto a ella, su esposo y sus dos pequeños hijos, ayudándole a cocinar, llevando a los niños a la escuela, etcétera. Afortunadamente mi hermana respondió bien al tratamiento. Una noche estábamos sentados, cenando con unos amigos cuando, a modo de celebración, mi hermana dijo: 'Hubo algo importante que marcó una gran diferencia'. Inmediatamente mi cuerpo se irguió y mis labios empezaron a practicar la sonrisa amable que iba a esbozar. 'Tomar mucha agua', continuó mi hermana. Rogué que nadie hubiera notado que yo estaba practicando y me vi obligada a enfrentar el hecho de que mis motivaciones no habían sido tan puras como yo había pensado.

Una versión más sutil de 'ser bueno' es ser lo que podría llamarse 'pseudoespiritual', como el personaje de Madame Péricand, en *Suite Française*, de Irène Némirovsky. Ella salía de las habitaciones de sus hijos enfermos 'con un termómetro en la mano, como si estuviera presumiendo de la corona del martirio' y todo en ella implicaba un grito: '¡Habrás de premiar a tus sirvientes el día del juicio final, amado Jesús!'.[39]

Si alguna vez te has descubierto asumiendo un aire de mártir o realizando una tarea con resentimiento, podría significar que has caído en la 'pseudoespiritualidad'[40] o en la 'evasión de la espiritualidad'. Esto básicamente surge de la *idea* de que deberías ser generoso, amable y paciente. Debido a esta suposición niegas todo sentimiento de mala voluntad, irritación, deseo o cualquier otro impulso que se contraponga a estos ideales. Es un síndrome que afecta en particular a las personas que están tratando de llevar una vida espiritual. La recompensa es que te *sentirás* muy virtuoso y sagrado, pero el precio que pagarás es una tendencia a volverte mojigato, crítico, falto de alegría y apartado de tu propia humanidad y la de los demás. Otros pueden percibirte como que sermoneas, que eres severo y santurrón. No solo eso. Como tu supuesta santidad estará a un nivel muy superficial, probablemente no podrás sostenerla. Tarde o temprano explotarás.

Si tiendes a ser muy diligente y tener una vena de perfeccionista, probablemente necesitarás ser cuidadoso con esta etiqueta de pseudoespiritualidad. Lo que puede

---

[39] Irène Némirovsky, *Suite Française*, Vintage, Londres 2007, p. 13.

[40] Tomé la idea de 'pseudoespiritualidad' de una charla que dio Vessantara a miembros de la Comunidad Budista Triratna (antes Amigos de la Orden Budista Occidental).

ocurrir es que si, por ejemplo, experimentas una repentina irritación o lujuria porque piensas que 'estás tratando de ser una persona espiritual' podrías sentirte avergonzado y, en reacción a esa vergüenza, ingeniártelas para convencerte de que no estás sintiendo eso.

Sin embargo, en realidad no hay necesidad de hacer eso. Este arranque, aunque ha estado condicionado por tus acciones previas,[41] no es activo. El solo hecho de experimentarlo no reforzará tendencia negativa alguna. Experimentarlo es éticamente neutral. Solo se volverá un problema si lo desarrollas, es decir, si te mortificas por ello y lo dejas crecer. La práctica consiste en experimentar la irritación, la lujuria o lo que sea sin ser indulgente con ello o sin tratar de negarlo instantáneamente. Es por eso que cultivar la conciencia, especialmente mediante la meditación, es tan importante. Esa conciencia te ayudará a mantener la iniciativa y te permitirá la posibilidad de que surja algo completamente nuevo.

El extremo opuesto a la tendencia a 'ser bueno' o atenerse a algo es la tendencia a la rebeldía. Sin embargo, cuando te estás rebelando eres tan dependiente de la opinión de un grupo como cuando te ajustas a algo. Cuando te conformas a algo no estás pensando, sintiendo o actuando por ti mismo y cuando te rebelas es igual. Cuando te rebelas siempre tienes puesto el ojo en el grupo al cual

---

[41] Por ejemplo, si has cultivado previamente la irritación, esto la volverá tu respuesta automática más probable ante un estímulo desagradable.

estás reaccionando. No puedes rebelarte sin un sentido del grupo al cual te estás rebelando. De hecho, para rebelarte *necesitas* al grupo para tu sentido de definición.

Todos tenemos una tendencia a conformarnos o a rebelarnos y puede ser útil, para conocernos, darnos cuenta de cuál es nuestra tendencia general. Algunos, incluso, podrían argumentar que cualquiera de las dos tendencias tiene sus ventajas. Alguien que conozco y que se considera conformista piensa que sus amigos son rebeldes irritantes y, al mismo tiempo, atractivos, ya que no tienen escrúpulos para ser indulgentes con sus placeres y tienen un alto aprecio por el no conformismo. Ellos, en cambio, lo encuentran a él inspirador, por su 'disciplina' y 'constancia'. Sin embargo, para ser realmente un individuo maduro necesitas ir más allá de esas dos tendencias. No es tan solo una cuestión de encontrar un balance o un feliz punto medio. Es más una cuestión de aprender a pensar verdaderamente por ti mismo y mantener la iniciativa en tu vida.

La manera en que respondas a una lista de preceptos te dará una pista sobre si has alcanzado este punto de libertad o si aún estás definiéndote a ti mismo como 'dentro' o 'fuera' del grupo. Si te descubres siendo muy legal en tu dialogo sobre los preceptos, ya sea interna o externamente, este es un buen indicio de que los estás tratando como reglas a las cuales atenerse o, bien, rebelarse. Podrías descubrirte evaluando tu conducta como si fuera una hoja de cálculo, diciendo 'está bien si *aquí* soy menos sensible éticamente porque *acá* soy muy específico' o 'está bien si no me preocupo por ese aspecto de la ética, porque muchos otros que son más "avanzados espiritualmente" que yo no lo hacen. Estas son maneras muy seguras de saber que has caído en pensar en la ética y los preceptos éticos en términos de reglas en lugar de principios. Si notas que te ocurre esto, te sugeriría que regreses a la reflexión sobre acciones y consecuencias en el capítulo 1. Reflexionar de este modo te hará madurar y te ayudará a diferenciar este punto de libertad de las tendencias al conformismo y la rebelión. A su vez te dará una confianza mayor y más genuina en lugar de respaldarte en la aprobación o desaprobación del grupo para reafirmar tu sentido del ser.

Como mencioné en la introducción, cuando escuché por primera vez que los preceptos budistas no eran reglas o mandamientos emitidos por un agente externo, sino principios de entrenamiento que se tomaban como una decisión individual pensé: '¡Qué liberador!', pero esto se acompañó casi de inmediato por un '¡qué desafiante!'. Es más fácil observar una regla de forma mecánica que tratar de aplicar un principio. Esto se debe a que un principio está requiriendo constantemente que pongas en práctica toda tu inteligencia y tu conciencia. Los principios tienen una aplicación infinita y la tarea es aprender a aplicar estos principios a los problemas del día a día.[42] Esto es lo que quiere decir el budismo con volverte más y más hábil éticamente. Toma práctica y requiere de receptividad hacia aquellos que son más

---

[42] Ver Padmavajra, *Training in the Ten Precepts*, Padmaloka Books, Padmaloka 1996, p. 5.

sabios que nosotros. Para los budistas esto significaría ser especialmente receptivo al Buda y sus enseñanzas. Con la finalidad de ayudarte a aplicar los principios de entrenamiento budista a tu vida he diseñado las reflexiones y ejercicios en este libro a partir de mi propio entendimiento de las enseñanzas budistas. En el capítulo 4 presentaré los preceptos éticos. Te invito a practicarlos con toda tu conciencia y luego a revisar tu práctica con toda tu inteligencia. Cuanto más hagas esto, más absorberás el espíritu genuino de la práctica de la ética budista.

Finalmente, es importante decir que al mismo tiempo que notar cualquier motivación mezclada, como lo es un deseo de aprobación, también es importante no permitir que esos motivos mezclados te paralicen y te impidan ejercer acción alguna. Si esperas a tener motivos puros antes de actuar, correrás el riesgo de nunca hacer nada. En cualquier caso, tal como descubrí en mi ejemplo de cuando cuidé a mi hermana, notamos nuestros motivos *en* la práctica, sin contar el hecho de que nuestra hermana obtiene nuestra ayuda y el indigente obtiene una moneda.

Sugerencia de práctica:
¿Qué haría el Buda?

Ahora que has leído algunos ejemplos de las respuestas del Buda en situaciones de reto, durante la próxima semana, cuando te encuentres en una situación delicada, intenta preguntarte, '¿qué haría el Buda aquí?'. Si tu reflexión ocurre después del evento, trata de preguntarte, '¿qué habría hecho el Buda?'.

Posteriormente pregúntate si reflexionar de este modo te dio nuevas perspectivas en una situación en particular.

CAPÍTULO CUATRO

UNA GUÍA PARA VIVIR

LOS CINCO PRECEPTOS

Tomo el principio de entrenamiento de abstenerme de quitar la vida.

Tomo el principio de entrenamiento de abstenerme de tomar lo que no me es dado libremente.

Tomo el principio de entrenamiento de abstenerme de una conducta sexual dañina.

Tomo el principio de entrenamiento de abstenerme de un habla falsa.

Tomo el principio de entrenamiento de abstenerme de intoxicar la mente.

Con acciones de amor y bondad purifico mi cuerpo.
Con generosidad sin límite purifico mi cuerpo.
Con tranquilidad, sencillez y contento purifico mi cuerpo.
Con comunicación veraz purifico mi habla.
Con conciencia clara y lúcida purifico mi mente.

LOS DIEZ PRECEPTOS

Tomo el principio de entrenamiento de abstenerme de quitar la vida

Tomo el principio de entrenamiento de abstenerme de tomar lo que no me es dado libremente.

Tomo el principio de entrenamiento de abstenerme de una conducta sexual dañina.

Tomo el principio de entrenamiento de abstenerme de un habla falsa.

Tomo el principio de entrenamiento de abstenerme de un habla hostil.

Tomo el principio de entrenamiento de abstenerme de un habla inútil.

Tomo el principio de entrenamiento de abstenerme de un habla que difame.

Tomo el principio de entrenamiento de abstenerme de la codicia.

Tomo el principio de entrenamiento de abstenerme del rencor.

Tomo el principio de entrenamiento de abstenerme de falsas opiniones.

Con acciones de amor y bondad purifico mi cuerpo.

Con generosidad sin límite purifico mi cuerpo.

Con tranquilidad sencillez y contento purifico mi cuerpo.

Con comunicación veraz purifico mi habla.

Con palabras amables y afables purifico mi habla.

Con expresiones de aliento y armoniosas purifico mi habla.

Abandonando la codicia por la serenidad purifico mi mente.

Cambiando el odio por la compasión purifico mi mente.

Transformando la ignorancia en sabiduría purifico mi mente.

Las referencias a los preceptos datan de los tiempos del Buda y pueden encontrarse en las primeras escrituras. Por ejemplo, se sabe de un brahmán que había reunido cientos de animales para realizar un sacrificio sangriento y se acercó al Buda para preguntarle la manera correcta de realizar el sacrificio. El Buda aprovechó la ocasión para enseñarle la forma en que llevar una práctica ética en la vida es el mejor "sacrificio" de todos, refiriéndose a todos los principios que conforman los diez preceptos.[43]

La forma negativa de enunciar cada precepto empieza con: 'Tomo el principio de entrenamiento'. Esto enfatiza que los preceptos no deben ser vistos como reglas o fines en sí mismos. Tampoco son directrices dictadas por una autoridad externa. Por el contrario, son votos que deben tomarse voluntariamente como una manera de desarrollar más habilidad ética. La enunciación afirmativa de cada precepto contiene en sí la noción de 'purificar'. El origen de esto es la enseñanza del Buda a Chunda, el orfebre, quien había estado observando los ritos purificadores de

---

[43] *Dialogues of the Buddha*, parte 1, traducción de T. W. Rhys Davids, Pali Text Society, reimpreso en Londres, 1956, p. 179; citado en *Los Diez Pilares del Budismo*, Sangharákshita, Windhorse Publications, Cambridge 2010, p. 19.

los brahmanes. El Buda enseñó a Chunda que la verdadera purificación viene de observar los diez preceptos en su forma afirmativa.[44] En Occidente podemos tener una asociación negativa con la palabra 'pureza'. Muy probablemente la asociamos con 'puritano', la cual tiene connotaciones de prohibir todos los placeres sensuales, pero la pureza en el contexto de la conducta ética significa 'no mezclado con algo externo o diferente'.[45] De modo que, de la misma forma en que la etiqueta 'jugo de naranja puro' significa que no contiene químicos o aditivos, en el ámbito de la ética 'purificación' se refiere a la purificación de todo ideal espiritual egoísta o dirigido a uno mismo.

En la Comunidad Budista Triratna todos recitamos y practicamos los cinco preceptos y durante la ordenación los diez preceptos se toman a modo de ritual, aunque esto no significa que los principios que representan no puedan ser practicados antes de ordenarse. Como fundador de esta comunidad, Sangharákshita siempre ha puesto un particular énfasis en las cualidades positivas, es decir, las cualidades de amabilidad, generosidad, y conciencia plena, a las cuales nosotros damos vida al practicar la ética. Él ha identificado que, psicológica y espiritualmente hablando, no puedes progresar en la negación. La vida espiritual no puede reducirse a toda una serie de abstenciones. Necesitas sentir que hay

---

[44] *The Book of Gradual Sayings* (*Anguttara Nikāya*), vol. 5, traducción de F. L. Woodward, Pali Text Society, reimpreso en Londres, 1972, pp. 178-80. Citado en *Los Diez Pilares del Budismo*, de Sangharákshita, p. 24.

[45] *Collins Concise Dictionary*, HarperCollins, Glasgow, 1995, p. 1084.

cualidades positivas que estás desarrollando. Así que, desde los inicios de esta comunidad, los budistas Triratna han recitado los preceptos en su forma afirmativa junto con su forma negativa.[46] Los enunciados afirmativos fueron compuestos por Sangharákshita. Aquéllos relacionados con los cinco preceptos están basados en los cinco *dharmas*, los cuales vienen de la tradición oral y se resaltan especialmente en Tailandia.[47]

Tanto la serie de cinco preceptos como la de diez están agrupadas en categorías. Una apunta al cuerpo, otra al habla y otra a la mente. Esto enfatiza que, como vimos en el capítulo 1, la ley del karma incluye acciones del habla y de la mente, al igual que del cuerpo. Revisaremos ambos grupos de preceptos juntos bajo estas categorías (cuerpo, habla y mente). Cada categoría muestra primero el principio en su forma negativa, seguido de su forma afirmativa.[48]

---

[46] Los seminarios hacen mención de esto desde alrededor de 1975, siete años después de que se fundara Triratna (antes AOBO).

[47] Aunque los cinco *dharmas* no se encuentran en las escrituras budistas como tal se pueden ver en las escrituras todas las cualidades positivas que abarcan los preceptos en su forma positiva.

[48] La serie de los diez preceptos agrega tres preceptos más del habla a la serie de cinco e introduce tres nuevos preceptos de la mente. También añade el quinto, de la serie de los cinco preceptos, que abarcan la abstención de intoxicantes y el desarrollo de la atención plena, que no está incluida en los diez preceptos. La intención es que la gente ponga en práctica los diez preceptos en su vida. Se entiende de forma general que también uno conoce los cinco preceptos y entonces incluirá el quinto de estos en su práctica ética. Esto da un total de once preceptos y quienes siguen los diez preceptos implícitamente asumen la práctica de los once.

CUERPO

Los preceptos en esta categoría son los mismos en ambas series de preceptos.

EL PRINCIPIO DE ABSTENERSE DE MATAR A LOS SERES VIVOS; O AMOR

Matar a un ser vivo es, casi siempre, algo que ese ser no desea en lo absoluto que le hagas. De modo que esto solo puede llevarse a cabo utilizando la fuerza, es decir, utilizando el modo del poder, como ya lo dije en el capítulo 2. Cambiar el modo del poder por el modo del amor, que es para lo que sirve este precepto, implicaría que como resultado de tu identificación imaginativa con otros no solamente te abstendrías de matarles, sino que, en general, actuarías de maneras que afirmaran a ese ser en lugar de negarlo. Actuar de acuerdo con este precepto, el cual respalda a todos los demás preceptos, implica dar completo espacio a la otra persona y permitirle que sea ella misma. Esto significa no aprovecharse de otros porque tienes más conocimiento o más experiencia que ellos. Significa no tratar de forzar o manipular la situación. Significa tratar de generar una respuesta de amor-bondad que resulte inalterable, sin importar que estemos de acuerdo con la persona o no o a pesar de que ni siquiera nos agrade ella.

El resto de los preceptos relacionados con acciones del cuerpo y del habla surgen del primer precepto y muestran sus implicaciones particulares en distintos ámbitos.

EL PRINCIPIO DE ABSTENERME DE TOMAR LO QUE NO ME ES DADO LIBREMENTE; O GENEROSIDAD

Si estás operando desde el modo del amor, no tomarás nada que alguien no esté deseando darte. Sin importar cuánto puedas estar tratando de convencerte a ti mismo de que deberían dártelo, solo, podrías tomarlo usando el modo del poder. Este precepto implica mucho más que el simple hecho de 'no robar'. El entrenamiento en este precepto significa no tomar algo que no te pertenece sin estar totalmente seguro de que el propietario te lo está ofreciendo.

En primera instancia este precepto significa no tomar la propiedad personal de alguien, pero también puede incluir el tomar tiempo y energía de los otros, así como cuando alguien da rienda suelta a un largo discurso sin cerciorarse de que la otra persona tenga tiempo de escuchar o siquiera tenga el deseo de hacerlo. Si tiendes a hacer esto, normalmente se debe a que estás tan intoxicado con lo que deseas decir que no tienes la suficiente conciencia de la otra persona ni del efecto que estás teniendo en ella. Esto es básicamente una actitud egoísta, poniéndote a ti mismo por delante.

Desde luego que, pese a que muchas personas no tomarían algo físicamente, de todos modos terminan tomando, de muchas maneras, ya sea eludiendo pagos, usando tarjetas de miembro de sus amigos o evadiendo impuestos. Se requiere de mucha imaginación para darse cuenta de cuán importante es esto. Quizá si no puedes ver cuánto afecta a otros, un primer paso sea considerar cómo te afecta a ti mismo. Todas estas cosas involucran algún tipo de ocultamiento y esto invariablemente tiene un efecto. Te creará una sutil sensación de que no puedes ser completamente abierto, de no tener la confianza que surge cuando sabes que no tienes nada que ocultar. Ciertamente, algunas de estas maneras de tomar lo que no nos es dado son lugares comunes, así que puede requerir valor e individualidad no participar en ello cuando otras personas a tu alrededor pudieran no verlo como un problema y hasta pudieran sentirse molestas porque no te unes.

El opuesto exacto de tomar lo que no nos es dado es la generosidad. La generosidad abierta (*dāna*) es la virtud básica del budismo, puesto que va completa y activamente en contra del egoísmo. Al igual que tomar lo que no nos es dado, la generosidad incluye las posesiones materiales, pero va más allá. Puedes dar tu tiempo y tu energía, puedes dar tus habilidades, puedes dar aliento.

En la actualidad el mundo se rige, en su mayoría, por la línea del consumismo. Obtienes lo que pagaste por obtener. Estamos acostumbrados a medir los productos y servicios y decidir lo que valen. Hasta nos encanta obtener descuentos. Puedes argumentar que esta es una forma muy justa de manejar las cosas, pues promueve un espíritu emprendedor, pero el problema es que si es la única manera en que operas corres el riesgo de terminar teniendo un enfoque utilitario de la vida. Estás en riesgo de verla únicamente en términos de cantidades que pueden comprarse, en lugar de cualidades que no tienen precio.

El principio de la generosidad va en contra de la cultura consumista y acaparadora. Promueve un espíritu benévolo y abundante, como lo describí en mi ejemplo en el capítulo 2, de la nueva participante del equipo, quien, a través de un enfoque generoso, revolucionó la actitud de todo un grupo de personas. Me gusta pensar en la generosidad como una práctica revolucionaria e incluso anarquista. En el restaurante budista en el que trabajé, cada año durante el día del festival budista más importante que marca la Iluminación del Buda sustituíamos la caja registradora por un jarrón de flores e invitábamos a las personas a 'comer lo que querían y dar lo que quisieran a cambio'. Cuando anunciamos lo que íbamos a hacer, el primer año los londinenses se mostraron escépticos. 'La gente les va a tomar el pelo', decían, pero no sucedió así. Era gozoso ofrecer comidas y pasteles abiertamente y, al final del día, acumulábamos más dinero del que habríamos hecho en un día normal. El momento cumbre para mí se dio unos días después del festival. Una cliente habitual entró y, después de pagar su comida, me dio un billete de cinco libras extra (más o menos el equivalente al costo de una cena con pastel en esos días). 'No pude venir en su día especial', dijo, 'pero pensé que era una excelente idea, así que quise contribuir'. Un maravilloso ejemplo de alguien dando so lo por dar, sin esperar algo a cambio.

Llevando la actitud de generosidad a un nivel más profundo, Khalil Gibran dice:

Todo lo que tienes, algún día será dado a otros,
así que da ahora.
Que la temporada de dar sea tuya y no de tus herederos.[49]

---

[49] Kahlil Gibran, *El Profeta*, William Heinemann Ltd, Londres, 1980, p. 27.

A veces reflexionar sobre tu moral puede darte la libertad para ser más generoso. Una amiga mía estaba escribiendo su testamento y había decidido legar un dinero al centro budista para contribuir a desarrollar un aspecto del mismo. Repentinamente pensó: '¿Por qué no les doy el dinero ahora mismo, mientras estoy viva?'.

No se requiere mucha reflexión para darse cuenta de que todo lo que piensas como tuyo y que en ocasiones guardas y proteges celosamente pertenecerá en un futuro no tan lejano a alguien más, si es que no lo desechan por completo.

La madre de otro amigo mío murió hace poco y él estuvo clasificando sus pertenencias. Se dio el tiempo para hacer esto y se dio cuenta paulatinamente de que cada objeto 'regresó a sí mismo'. Ya no se identificaba con su madre. Ya no era parte de ella. Había simplemente un jarrón, simplemente un papel con un texto escrito en otro idioma que ni él ni su hermana podían leer. En su elegía a un amigo poeta, Don Paterson dice que la muerte llegó y

suavemente desenvainó un cuchillo por los hilos
que ataban tus recuerdos a las cosas que guardaban.[50]

Si reflexionas de este modo verás que la generosidad es una práctica de sabiduría, porque te está alineando con la verdad auténtica de las cosas. Lo que piensas que es tuyo,

---

[50] Don Paterson, 'Phantom', en *Rain*, Faber and Faber, Londres, 2011, p. 51.

que es parte de tu identidad, solo es temporal. Como dice Shantideva:

La renuncia a todo es la iluminación y la iluminación es la meta de mi corazón. Si debo renunciar a todo, mejor que les sea dado a los seres sensibles.[51]

Más adelante intentaremos reflexionar acerca de dejar ir.

GRATITUD

Además de la práctica de dar quiero hablar sobre la práctica de recibir y expresar gratitud por lo que has recibido. De cierta manera no siempre es fácil recibir, ya sea ayuda material, ya sea que alguien te ceda su asiento en el metro o simplemente recibir un halago. Sin embargo, si no recibes entonces no les estás permitiendo a otros ser generosos. De hecho, saber recibir es en sí mismo un tipo de generosidad.

Tengo un par de amigos a quienes particularmente disfruto darles regalos. No importa lo pequeño que sea el regalo, lo reciben como si les hubiera dado las joyas de la corona. Son muy cuidadosos para desenvolverlo y miran y manipulan lo que sea que hay adentro del envoltorio con un notorio placer. Es un deleite cuando la gente muestra aprecio por los regalos que les das y expresa su gratitud. Es todavía más placentero cuando la gente hace eso cuando ni siquiera son regalos especiales. Recuerdo

---

[51] Santideva, *Bodhicharyāvatarā*, traducción de Kate Crosby y Andrew Skilton, Oxford University Press, Oxford, 1996, capítulo 3, verso 11, p. 21.

cuando Sangharákshita vivía en el Centro Budista de Londres. Aquellos que trabajábamos en el restaurante adjunto al centro solíamos hacerle su comida y se la llevábamos a su pequeño departamento todos los días. Sin falta, él recibía su comida como si fuera un gran banquete gourmet en lugar de lo que en realidad era, un tazón de sopa de lentejas. Él habría tenido 'todo el derecho' de dar por sentado que nosotros le llevaríamos su comida. Después de todo, había fundado el movimiento budista del que el restaurante formaba parte. No estaríamos ahí si no fuera por él, pero nunca actuó como si lo mereciera. Siempre se portó amablemente y se mostró debidamente agradecido. A veces nos enviaba una pequeña tarjeta expresando su gratitud y aprecio. Siempre sentí que este era un muy buen ejemplo de que nunca será excesiva la necesidad de expresar gratitud. Por el contrario, a mayor práctica tienes en el arte de vivir en el modo del amor, mayor gratitud expresarás de manera natural. Intenta esto tú mismo en la sugerencia de práctica que aparece más adelante: 'Recibir regalos y expresar gratitud'.

Reflexión:
Dejar ir[52]

Siéntate en silencio, cierra los ojos y dedica unos minutos a sintonizar con tus sensaciones físicas, el peso de tu cuerpo sobre el cojín o la silla y tu cuerpo respirando.

Si te encuentras en tu habitación, conecta con el hecho de que estás rodeado de cosas que tú elegiste para usarlas y porque las encuentras agradables a la vista. Si te encuentras en otro lugar, imagina que estás en tu habitación.

Ahora sintoniza con el hecho de que, hasta cierto punto, estos son los objetos que de alguna manera te definen como ser *tú*, ya sea como una persona que ama los libros o el arte o los muñecos de peluche o los artefactos.

Ahora reflexiona que un día, después de morir, esta colección de cosas será dividida. Todas estas cosas irán a parar a otro lugar, a otra gente. ¿A quién le gustaría tenerlas? Sin quedarte demasiado tiempo en los detalles, imagina a otra gente disfrutando de ellas.

¿Cómo se siente reflexionar sobre esto?

Ahora pregúntate, ¿hay alguna de tus cosas que te gustaría darle a alguien más ahora mismo? Si lo hay, imagínate haciéndolo ahora.

---

[52] Adaptado de una reflexión en *Una belleza más profunda*, Paramananda, Windhorse Publications, Birmingham, 2003, p. 26.

Una vez más, ¿cómo se siente?

Luego ve soltando poco a poco esta reflexión y simplemente quédate sentado en silencio por unos minutos para absorber la experiencia. Luego abre los ojos.

Durante los próximos días puedes decidir si quieres darle seguimiento a la acción de regalar algo.

 **Sugerencia de práctica:
recibir regalos y expresar gratitud**

Durante la siguiente semana practica el recibir gentilmente cualquier cosa que se te ofrezca, ya sea un cumplido a tu suéter nuevo, el asiento en el metro, un regalo material o algún tipo de ayuda.

Aquí la práctica es tratar de permitirte recibir lo más plenamente posible. Una forma sencilla de hacer esto es establecer contacto visual con la persona que te lo está ofreciendo y simplemente decir 'gracias'. Si no crees que alguien te está dando algo, baja tus expectativas. Agradécele a la camarera que te sirve el café o al conductor del autobús.

EL PRINCIPIO DE ABSTENERSE DE UNA CONDUCTA SEXUAL DAÑINA; O TRANQUILIDAD, SENCILLEZ Y CONTENTO

En mi trabajo en el centro budista mantengo muchas conversaciones acerca de los preceptos con la gente que quiere profundizar su compromiso con la práctica, sobre todo con mujeres.

Revisamos los cinco preceptos juntos y cuando llegamos a este, de abstenerse de tener una conducta sexual dañina, por lo general dicen algo así como: '¡Ah, sí! No tengo problema con eso'. Esto llega a acompañarse de un suspiro apesadumbrado que parece insinuar un 'ya quisiera'. Me da la impresión de que se imaginan que la 'conducta sexual dañina' implicaría que su vida fuera un cúmulo de romances apasionados. Sin embargo, desde un punto de vista budista, tener una sucesión de romances apasionados no constituye una conducta sexual dañina en sí. Siempre me acuerdo de la oradora en una de las primeras charlas que escuché sobre los cinco preceptos diciendo: 'Sería más hábil ser saludablemente promiscuo que neuróticamente célibe'. Quizá estaba siendo deliberadamente provocativa, pero el punto es que este precepto nada tiene que ver con lo que haces sexualmente ni con quien ni lo frecuentemente que lo haces o no. Este precepto no habla acerca de si eres gay o heterosexual, casado o soltero. De hecho, no existe equivalente a una 'boda religiosa' en el budismo. El matrimonio o la monogamia no se consideran en sí como particularmente sagrados o espirituales. Lo importante de practicar este precepto es examinar la calidad de las relaciones humanas y tratar de mantenerse alejado del modo del poder, aproximándose más al modo del amor.

Algunas veces me he preguntado por qué el tema del sexo y las relaciones sexuales tienen todo un precepto dedicado a ello y por qué no simplemente están incluidas en el primer precepto. Después de todo, el budismo, a diferencia de algunas de las formas dominantes del cristianismo, no contempla el impulso sexual como el origen mismo de la creación del pecado humano, 'el vehículo preciso que transmite el virus del pecado a lo largo de la historia'.[53] He llegado a la conclusión de que quizá el tema de la conducta sexual tiene su propio precepto por dos razones. La primera, porque la fuerza de la emoción sexual y romántica llega a ser muy poderosa y la segunda, porque tenemos el potencial de herir a la gente muy profundamente en el terreno sexual y romántico.

Recuerdo una tira cómica de una mujer enviando una carta con las palabras: 'Se acabó, es irreversible ahora'. En el siguiente cuadro la vemos hablando con el cartero, mientras lo hace buscar en su costal de cartas y la imagen dice: 'Es la que está en el sobre verde...', La fuerza de los sentimientos que frecuentemente se involucra en las relaciones sexuales y románticas puede hacer que personas aparentemente integradas en otros aspectos se salgan de balance en este ámbito. Sabrás de lo que te hablo si alguna vez has tenido que aconsejar a alguien en momentos difíciles en su relación. Puedes pasar horas hablando con ellos y jurarán que ahora sí es el final. Ya van a dejar a esa persona. Los ves unos días más tarde y de inmediato sabes, por su mirada avergonzada, que todos sus propósitos se fueron por la ventana de la noche a la mañana. Es difícil conocerte a ti mismo lo suficiente en

---

[53] Richard Holloway, *Moralidad sin Dios*, Canongate Books Ltd, Edimburgo 2005, p. 43.

este tema, puesto que las fuerzas involucradas pueden ser sumamente inconscientes. Así que es importante tomar esto en cuenta y tener mucho mayor cuidado desde un punto de vista ético cuando nos encontremos bajo el influjo del deseo sexual o el anhelo romántico. De hecho, cuando estamos bajo el influjo de estos fuertes deseos necesitamos ser aún más cuidadosos con relación a todos los preceptos. Es fácil pasar de romper este precepto (por ejemplo, enviar un mensaje de texto mintiendo) a romper algunos de los otros preceptos también (siendo después evasivo con tu pareja).

La razón por la que debemos tener cuidado es porque existe el potencial de causar un gran daño y una fuerte aflicción en el ámbito sexual. Es fácil subestimar o ignorar esto. Además, por supuesto, este precepto no deja fuera el daño que puedes causarte a ti mismo en el terreno sexual y romántico. Dentro de una relación a veces puedes terminar comprometiéndote hasta un grado muy dañino. Quizá temes que el desafiar las cosas podría llevar a perder la relación por completo y, ya sea que no quieres que eso ocurra o piensas que no quieres, debido a los mensajes que envía la sociedad. Esto puede tener un efecto debilitador y llevar a guardar resentimientos. No quiere decir que no puedas 'negociar y ceder' algunas veces, especialmente cuando tienes hijos, por el bienestar general de la situación.

El enunciado positivo de este precepto es el cultivo de 'tranquilidad, sencillez y contento'. En lo que resta de esta sección quiero explorar la manera en que el contento, caracterizado por la tranquilidad y la sencillez, es una cualidad positiva en sí misma y no solo un punto medio que yace entre los extremos de reprimir tus deseos y ser totalmente indulgente con ellos.

Muchas veces el descontento en la vida se experimenta de manera más aguda en el terreno de las relaciones románticas y sexuales. Si eres soltero, puede ser que sueñes con encontrar la pareja perfecta. Si ya tienes pareja, puede ser que desees que esta sea distinta. Quizá piensas que debería ser más considerada o más intrépida. Tal vez desearías verla con mayor o menor frecuencia. Fantasear de esta manera puede proyectarte hacia el futuro en dos dimensiones, pensando que si tan solo estas cosas sucedieran todo sería perfecto. El problema con este enfoque es que la vida no tiene dos dimensiones. Llevas contigo a tu persona y tus complejidades, incluso a tus complejos. Practicar el contento, lo cual no significa lo mismo que resignarse a regañadientes o ser pasivo, te traerá de regreso a la realidad en lugar de a la fantasía y volver a poner el énfasis en ti mismo, en lugar de en el objeto que añoras. Dicho de manera simple, el contento surge de amarte a ti mismo.

Todos los centros budistas Triratna enseñan la práctica de la meditación *mettā bhāvana*, que significa 'desarrollo (*bhāvana*) del amor-generosidad universal o deseo de bienestar (*mettā*)'. Ya sea que hayas aprendido esta práctica o no, *mettā*, el amor-generosidad, es algo que puede cultivarse todo el tiempo, aunque la meditación, al trabajar directamente con tu mente, te ayudará a cultivarlo de un modo más pleno. Una de las cosas más importantes que hay que saber de *mettā* es que no es tanto un sentimiento, sino una intención. Específicamente, es una intención de desear el bienestar. Es algo activo más que pasivo. Hay una historia de un hombre que va a su terapeuta y le dice: 'Ya no amo a mi esposa, ¿qué debo hacer?'. 'Ámela', le contesta el terapeuta. 'Pero, ya no la amo', le responde con frustración. 'Entonces ámela', le dice el terapeuta. Lo que trata de enfatizar es que amar es algo que haces, no algo que simplemente sientes o no. El hecho de que el amor o *mettā* sea algo que haces significa que puedes cultivarlo en cualquier momento, sin importar cómo te encuentres ni el estado de ánimo en que estés. Una vez le preguntaron a un panel de budistas cuál sería la característica que define a un budista. Uno de los panelistas dijo que el sello distintivo de un budista es que siempre están contentos, pero otro de ellos difirió de este punto de vista. Recalcó que no se puede estar siempre feliz. Algunas veces puedes sentirte muy triste, pero siempre puedes ser amigable y desear el bienestar a otros. 'Entonces', dijo, 'el sello distintivo de un budista es la compasión; desear el bienestar, *mettā*'.

Cultivar la cualidad positiva del contento brotará naturalmente del cultivo de *mettā* a ti mismo. La reflexión meditativa 'Ser tu propio amigo', te ayudará a hacerlo.

Encuentro que el pensar en términos de ser un buen amigo para uno mismo, dentro y fuera de la meditación, es muy efectivo para el cultivo de *mettā*. Un método particularmente poderoso para hacer esto es notar cómo me hablo de mí mismo. Trabajé por un corto tiempo para una organización que enseñaba meditación en línea. Mis alumnos debían llevar un registro de cómo iban en sus meditaciones diarias y me mandaban estos registros por correo electrónico para que yo les diera mis comentarios. Una de las principales cosas que noté (probablemente verlo escrito lo hacía particularmente notorio) era lo terriblemente crítica que era la mayoría de la gente al comentar su experiencia. De hecho, la mayor parte del tiempo lo dedicaba a tratar de ayudar a la gente a relacionarse de forma positiva consigo misma. Sin embargo, descubrí que yo no era tan consciente de mi propia voz autocrítica hasta que un día, mientras me apresuraba para una cita a la que ya iba tarde, sentí una piedra puntiaguda en mi zapato. 'No tienes tiempo de sacar esa piedra de tu zapato', me gritó mi voz interior y luego continuó, 'es tu culpa por salir tarde, para empezar'. Paré en seco. Estaba haciendo exactamente lo mismo que veía a mis alumnos hacer. Me di cuenta de que si hubiera ido caminando con una amiga y esta me hubiera dicho que tenía una piedra en su zapato yo no le habría respondido diciéndole que no había tiempo de parar. Incluso si hubiera ido caminando con mi enemigo y este me hubiera dicho que tenía una piedra en su zapato no le habría respondido de ese modo. Al darme cuenta de que no habría contestado a alguien más de esa manera tan áspera me ayudó a hablarme y actuar conmigo misma de un modo más amable. Me saqué la piedra y decidí, a modo de cultivar *mettā*, practicar el hablarme a mí misma tan amablemente como le hablaría a una buena amiga.

Meditación:
Ser tu propio amigo

Siéntate cómodamente, en posición vertical con los ojos cerrados. Conecta con la sensación de tu propio peso cayendo hacia el suelo y contra los cojines o la silla.

Ahora sintoniza con el flujo natural de tu respiración, solamente siguiéndola con tu atención.

A continuación, sintoniza con la forma en que te sientes justo en este momento. Podrías preguntarte a ti mismo, como si fueras tu propio amigo: '¿Cómo estoy ahora mismo?'. Luego espera tu respuesta, ya sea que sientas algo agradable, doloroso o un punto medio entre ambos, ya sea que tus sentimientos sean fuertes o sutiles o aun si no sabes realmente cómo te sientes, practica responderte a ti mismo como si fueras tu amigo respondiéndote. Esto puede ser en forma de palabras silenciosas, como 'que yo esté bien, que sea feliz, que progrese'.

Continúa sentado cinco minutos respondiéndote activamente, como si fueras tu amigo.

Luego relaja tus esfuerzos y simplemente siéntate en silencio por un minuto, para absorber los efectos de esta meditación.

La razón por la que cultivar *mettā* hacia ti mismo es un aspecto importante para cultivar contento es porque cuando no sientes *mettā* hacia ti es muy probable que busques el amor en alguien más, especialmente en una pareja sexual, para mitigar tu sensación de vacío interior y hacerte sentir mejor, al menos por un tiempo, pero en realidad ese amor es algo que solo tú puedes darte. Irónicamente, en la medida en que tu dependas del amor de otros no puedes realmente sentir afecto por ellos, pues los estás viendo en relación a lo que piensas que pueden darte. De hecho, en la medida en que los estás usando para compensar tus propios sentimientos de carencia estás esperando de ellos mucho más de lo que pueden darte. Tratar de ajustar el mundo y a la gente que hay en él para que se adecuen a ti y a tus propios deseos implicará que siempre estarás añorando, maquinando y anhelando algo. Añorar, maquinar y anhelar así nunca te producirá la tranquilidad y la sencillez que caracterizan al verdadero contento, ya que este o un bienestar en el que verdaderamente puedas confiar no pueden venir jamás de fuentes externas. Solo pueden surgir de tus propios recursos internos. Con cuidado y atención, más una persistencia paciente, esos recursos internos pueden cultivarse mediante prácticas simples, tales como la que verás a continuación: 'Hablarte a ti mismo'.

Sugerencia de práctica:
Hablarte a ti mismo

Durante los próximos días nota tu diálogo interno.

- ¿Qué te dices a ti cuando haces algo bien?
- ¿Qué te dices cuando cometes un error?
- ¿Cómo le responderías a tu mejor amigo en cada una de estos ejemplos?

- Practica activamente hablarte como si hablaras con una buena amiga o amigo. Cada vez que lo hagas pregúntate cómo se siente y qué efectos tiene eso.

HABLA

EL PRINCIPIO DE ABSTENERSE DE UN HABLA FALSA; O VERACIDAD

Tanto los cinco preceptos como los diez preceptos tienen este precepto en común. Es doloroso e inquietante descubrir que nos han mentido. Nuestra visión del mundo y sus eventos se ve minada. Ya no sabemos en qué creer. Actuar respecto a otros conforme al modo del amor significa no hablarles con falsedad.

Sin embargo, no es inusual sentir que si dices la verdad, si te revelas, te pondrías en una posición de vulnerabilidad para ser atacado. En un poema de Norman MacCaig, el poeta dice: 'no quiero ir a dormir al borde de la carretera, no sea que despierte, como Tomás el Rimador, con una lengua que no pueda mentir jamás'. Si eso ocurriera:

¿cómo podría soportar
los gritos de triunfo
de mis enemigos?[54]

---

[54] Norman MacCaig, 'Walking home exhausted', en *The Poems of Norman MacCaig*, publicado por Ewen McCaig, Polygon, Edimburgo 2005, p. 173.

Pero realmente, ¿decir la verdad te hará más vulnerable, en especial para tus 'enemigos'? Por lo general cuando hablamos con falsedad es para protegernos o defendernos de la opinión de otros. En la última sección vimos la conexión entre *mettā* y contento. El habla veraz y la *mettā* están íntimamente conectadas. Si continúas cultivando tu practica de *mettā* y la ética en general no te sentirás tan vulnerable a la buena o mala opinión de otros sobre ti, puesto que tendrás una mayor sensación de ser capaz de responder positiva y creativamente a lo que se cruce en el camino, ya sea placer, dolor, elogio o culpa. Te volverás menos frágil y, por lo tanto, menos defensivo. Serás más fuerte y tendrás más confianza en ti mismo, dado que serás más capaz de confiar en tus recursos internos.

Recuerdo un día, en 1995, que encendí la televisión a mitad de una entrevista que le hacía Jeremy Isaacs a un hombre que tenía cabello cano, barba, acento americano y que al final tomó un armonio y se puso a tocarlo. De inmediato me cautivó su cualidad de ser abierto y transparente. Habló sobre la locura, el sexo, la práctica espiritual y sobre poesía. Parecía querer revelar todo sobre sí mismo, pero no de manera presuntuosa o sofisticada. Tan solo con buen humor le dijo al entrevistador todo lo que quería saber. No estaba tratando de parecer más colorido de lo que era mediante la exageración o el menosprecio. Al mismo tiempo, yo no tenía la sensación de estar viendo a alguien que 'necesitaba confesarse', alguien que 'necesitaba contar su historia', lo cual a veces se confunde con apertura. Recuerdo haber pensado: 'Este entrevistador no tiene poder alguno sobre este hombre, puesto que no tiene nada que esconder'. Ese hombre resultó ser el poeta de la generación *beat* y practicante budista Allen Ginsberg. Parecía totalmente libre, espontáneo, creativo, amoroso. Quizá después de años de práctica budista estaba diciendo la verdad de esa manera tan generosa porque se había dado cuenta de que no hay nada que defender (ver sugerencia de práctica: '¿Qué escondes?' y la sugerencia de práctica: 'La verdad pura').[55]

En la serie de diez preceptos se incluyen tres más sobre el habla, conformando una serie de cuatro. En primer lugar, esto enfatiza la importancia del habla y nos recuerda que esta, en realidad, es una acción. Realmente influyes en la gente y afectas al mundo a través de lo que dices y cómo lo dices. En segundo lugar, la naturaleza de los tres preceptos adicionales apunta al hecho de que un habla hábil no significa simplemente soltar la verdad en cada oportunidad. Los otros tres preceptos realzan el habla veraz e, incluso, atemperan el habla veraz.

---

[55] Esta entrevista aún está disponible en *YouTube*.

Reflexión:
¿Qué escondes?

Siéntate cómodamente en silencio y cierra los ojos. Sintoniza con un sentimiento de *mettā* o deseo de bienestar hacia ti mismo.

Ahora trae a tu mente algo sobre ti que nunca le has dicho a nadie. Podría ser algo en tu historia o un punto de vista u opinión que te callas para ti mismo.

Ahora imagina decirle eso a alguien. ¿Cómo te sientes físicamente imaginando esto? ¿Cómo te sientes sobre ti mismo? ¿Cómo te sientes con relación al mundo?

Luego suelta la reflexión y regresa a sentir *mettā* hacia ti mismo.

Si te fue difícil imaginar decirle a alguien lo que te vino a la mente, no hay ningún problema. Puedes solamente continuar deseándote bienestar.

Si, por el contrario, reflexionar de este modo te trajo un impulso de confiarle esto a alguien puedes elegir hacerlo, pero primero lee y reflexiona sobre el resto de esta sección acerca del habla, de modo que puedas incluir los principios explorados.

Sugerencia de práctica:
La verdad pura

Durante los próximos días practica la precisión de hechos. ¿Cómo se siente no exagerar o distorsionar? Por ejemplo, si tiendes a exagerar diciendo 'muero de hambre' o 'me estoy congelando' podrías practicar decir 'tengo hambre' y 'tengo frío'. Si te sorprendes a punto de decir 'mi jefe es un histérico', podrías tratar de ser más claro sobre lo que te parece difícil en él. Por ejemplo, podría ser más acertado decir: 'Ayer mi jefe hizo una propuesta de negocios que me temo que hará mi trabajo muy difícil'.

Recuerda, en todos estos ejercicios, ser honesto contigo. Los ejercicios no tienen la intención de hacerte sentir lo que tú crees que debe sentirse. A lo mejor esta práctica hace parecer la vida más aburrida o quizá tengas una sensación de liberación o algo muy diferente.

EL PRINCIPIO DE ABSTENERSE DE UN HABLA HOSTIL; O HABLA AMABLE

El habla hostil se refiere a darle expresión a la animadversión a través del habla. Normalmente esto se debe a que algo te ha molestado o te sientes obligado a quejarte. El habla hostil puede hacer alusión a levantar la voz o decir improperios, pero no necesariamente se refiere a esto. Una indirecta en voz baja o una anotación sarcástica pueden ser igualmente hostiles. Podría no ser siquiera una palabra. Un chasquido de lengua o un fuerte suspiro frente a un grupo de turistas que están bloqueando la calle o hacia una persona que se mueve lenta o torpemente en el transporte público conlleva animadversión y molestia de forma muy elocuente.

Al igual que con todos los preceptos hay una relación de reciprocidad entre tus estados mentales y tus actos. Recientemente escuché a un maestro budista decir que no maldecir cuando sientes algo que te molesta intensamente es una manera de mentir y, por lo tanto, sería un acto torpe. Yo difiero de este punto de vista. Pienso que maldecir tendrá un efecto de rudeza en tu estado mental, ya sea que se trate de una expresión de 'sentimientos fuertes' o solo de una maldición habitual que puede surgir de un condicionamiento cultural. Al mismo tiempo, lo contrario de un habla hostil no es simplemente ser 'lindo' todo el tiempo. A veces de verdad tienes que dar una opinión contraria a la opinión de otros o señalarles algo, incluso criticar un aspecto de su conducta. La verdadera habilidad es encontrar la manera de expresar tu argumento (aunque sea un fuerte argumento) sin recurrir a la hostilidad.

Recuerdo una vez que trabajé en un equipo dirigiendo un retiro de diez días. Uno de los miembros acostumbraba llegar de mal humor cada día a nuestra junta. Durante varios días todos tuvimos mucho miedo de hablar con él sobre el efecto que su estado de ánimo estaba teniendo. Finalmente, vi que alguien lo llamó aparte. A la mañana siguiente llegó y dijo: 'Tuve una magnífica conversación ayer. Me dijeron lo negativo que estaban siendo mis estados de ánimo en el equipo. ¡Vaya! De verdad no me había dado cuenta. Haré un gran esfuerzo para cambiar. Me sorprende que nadie me hubiera dicho nada antes.' A mí también me sorprendía. Inmediatamente después me acerqué a la persona que le había dado la retroalimentación y le pregunté cómo lo había hecho. Lo que me sorprendió fue que ella había trabajado primero en su propio estado mental. Hizo esto en meditación. Sabía que la mejor oportunidad de comunicarse con un habla amable en vez de hostil devendría de trabajar en su propia reactividad primero, así que fue paciente. Optó por un criterio más amplio. En una situación como esa muchas veces no confiamos en el modo del amor. Si es que siquiera hacemos algo al respecto tendemos más a confiar en el modo del poder para hacer que algo pase, pero este ejemplo me mostró que, si vienes de una actitud amable puedes comunicarte más efectivamente, puesto que es más probable que ganes la confianza de la persona y logres su cooperación, que si simplemente recurres al habla hostil.

De modo más general, el habla amable no necesita ser salvada de una situación en particular. En el capítulo 2 hablé de cómo amar a alguien significa ser consciente de esa persona. Practicar el habla amable es tu oportunidad de hacerles saber a los demás que eres consciente de ellos, particularmente al regocijarte en las cualidades positivas que has notado en ellos. Puede ser muy fácil engancharse en el hábito de criticar, culpar, quejarse y ver los defectos y debilidades en todos lados. El habla amable es una manera de trabajar activamente en contra de estas tendencias. Regocijarse en las cualidades y buenas acciones de alguien es como iluminarlos con un rayo de sol. Puedes ver cómo florecen bajo la luz y la calidez. Trata de hacer esto en la sugerencia de práctica a continuación: 'Regocijarse en los méritos'.

Sugerencia de Práctica:
Regocijarse en los méritos

Trae a tu mente a alguien que conoces y te agrada. Escoge a alguien más o menos de tu misma edad y género (pero no a alguien por quien te sientas atraído sexualmente).

Trae a tu mente una cualidad positiva de esa persona o una cosa positiva que haya hecho, y pasa un tiempo reflexionando sobre ello.

Ahora piensa en alguien que conoces, pero con quien no te llevas muy bien (no alguien que realmente odies o temas, ya que esto sería muy difícil). Podría ser alguien con quien de hecho te llevas bien, pero con quien por el momento tienes una dificultad. De nuevo, trae a tu mente una cualidad positiva de esa persona o algo positivo que haya hecho y pasa un tiempo reflexionando sobre eso.

Si lo consideras apropiado encuentra una manera de regocijarte en esa cualidad de una o ambas personas, quizá verbalmente o enviándoles una tarjeta.

Después toma un tiempo para reflexionar.

- ¿Cómo te sentiste al pensar acerca de estas personas de ese modo?
- Si expresaste tu regocijo, ¿qué efecto crees que tuvo en ellos?
- ¿Qué efecto crees que tuvo en el mundo en general?

EL PRINCIPIO DE ABSTENERSE DE UN HABLA INÚTIL; O HABLA SIGNIFICATIVA

En una charla que dio en 1984, Sangharákshita dijo que mientras que el Buda listó 32 tipos de habla frívola, improductiva, inútil o carente de significado, actualmente existen, gracias a la radio, la televisión y la prensa, 32,000 variedades de ese tipo de habla.[56] Desde luego, en 1984 no existía Internet, por lo tanto, no había ningún tipo de redes sociales ni un uso extendido de teléfonos móviles, ni pilas de periódicos gratuitos en las paradas de autobús y en estaciones de metro. No tengo idea de la cifra que sería actualmente. Quizá serían unas 300,000 o incluso hasta tres millones. Pronto estas cifras serán irremediablemente 'obsoletas'.

Pese a que anhelamos adentrarnos en las profundidades del océano de nuestras mentes, somos adictos a su agitada superficie. Un factor que contribuye a esto enormemente, especialmente en nuestros días, es la cantidad de estímulos que recibimos a través de los medios de comunicación modernos. No solo recibimos una gran cantidad de información, sino que nos hemos colocado en una situación donde siempre estamos disponibles para los demás. Esto definitivamente debe tener un efecto en nuestra psique. Una vez, al empezar un nuevo curso de poesía, el instructor, como siempre, nos recordó que debíamos apagar nuestros teléfonos. Lo que fue inusual es que nos explicó que la razón por la que nos pedía hacerlo no era

---

[56] Sangharákshita, *Los Diez Pilares del Budismo*, p. 103.

solamente para evitar los tonos de llamada distrayendo la clase. Dijo que al apagar nuestros teléfonos, enviábamos un mensaje a nuestro yo interior, a nuestra imaginación, de que entrábamos a un espacio diferente ahora, el espacio de la creatividad. Al apagar nuestros teléfonos, estábamos prometiéndole a nuestra imaginación que no la perturbaríamos con exigencias utilitarias.

Pasar del habla frívola al habla significativa no es un asunto de evitar o adoptar ciertos temas de conversación. Tu habla solamente puede ser significativa y tener profundidad si te permites acceder a la profundidad y no llenar cada momento disponible con un parloteo o una 'aportación'. Eso podría sentirse incómodo. Volviendo al tema de los móviles,, una joven vino a un retiro y, como se lo sugerimos (aunque no muchos siguen este consejo), dejó su teléfono en casa. Dijo que notó en las conversaciones durante los descansos que si había más de un momento de pausa, su cuerpo se apresuraba a querer sacar su teléfono para revisar sus mensajes. Se dio cuenta de que se sentía incómoda con las pausas, pero puede ser durante estas pausas, ya sea que estés con alguien o en soledad, que si no te apresuras a llenar el espacio, la vida resulte más profunda y significativa. Podrás volverte más consciente de tus propios pensamientos y sentimientos y más consciente de otras personas, así como del ambiente a tu alrededor, de una manera no posesiva y más apreciativa. Sentirás más deleite en el mundo, lo cual se expresará de manera natural en tu forma de hablar. Intenta hacer esto con la sugerencia de práctica a continuación. 'Reducir los estímulos'.

Sugerencia de práctica:
Reducir los estímulos

Elige dos maneras de reducir estímulos durante la próxima semana. Escribir tus intenciones te ayudará a hacerlas más conscientes. Por ejemplo, podrías:

- Ir a caminar sin escuchar tu reproductor MP3.
- No tomar ningún periódico gratuito en el autobús o el metro.
- No revisar tus redes hasta después de meditar o después del desayuno.
- Comer sin leer, enviar mensajes o escuchar la radio al mismo tiempo.
- Al final de la semana revisa cómo te fue:
- ¿Pudiste mantenerte firme en tu decisión?
- ¿Valió la pena o no?
- ¿Te gustaría continuar con esta práctica por una semana más? En caso de que sí, ¿necesitas hacer alguna modificación?

EL PRINCIPIO DE ABSTENERSE DE UN HABLA QUE DIFAME; O HABLA ARMONIOSA

Mantener este precepto significa evitar sembrar el conflicto haciendo que un asunto empeore y, especialmente, evitar generar discordia entre las personas a través del chisme, por ejemplo.

Es difícil decir a ciencia a cierta por qué los seres humanos generan discordia de ese modo tan activo. Quizá si sentimos hostilidad hacia alguien, en lugar de admitirlo y asumir la responsabilidad de esto, fabricamos la historia de que esa persona está tan llena de defectos que eso justifica nuestra animadversión. Entonces, involucramos a otros para tratar de justificarlo aún más. El habla que difama o es maliciosa puede ser una manera de poner a otros de 'nuestro lado' en contra de alguien más. Puede ser una manera de legitimar nuestra propia negatividad.

Sin embargo, a veces parece que no tenemos absolutamente nada que ganar a nivel personal. Parece que simplemente adquirimos un gusto por el sufrimiento o la mala fortuna de otros y disfrutamos cuando otros riñen. Puede resultar muy fácil unirse al habla que difama y difícilmente darnos cuenta de que lo estamos haciendo. No ayuda mucho el hecho de que, como sociedad, hemos creado una cultura a través de periódicos, revistas y los medios masivos, en donde este tipo de difamación es la norma y en el que el chisme puede parecer una diversión inofensiva que no tendrá ningún efecto.

Sin embargo, de hecho, todo lo que dices tiene un efecto. Siempre estás influyendo en otros a través de lo que dices, de una manera o de otra. Aun si no puedes ver esos efectos de manera inmediata, puedes formarte una clara intención de no involucrarte con esa forma de hablar pestes, especialmente en casos en los que contribuiría a la discordia entre otros. Quizá necesites utilizar tu imaginación para motivarte a hacerlo. Por ejemplo, puedes imaginarte que tú o alguien que quieres saldrá perjudicado por tal difamación o chisme.

Al mismo tiempo, puedes cultivar activamente lo opuesto, el habla armoniosa (ver sugerencia de práctica más adelante). Puedes trabajar activamente en crear armonía entre las personas. Puedes desarrollar el arte de sentir placer al crear armonía. En lugar de pasar el chisme, puedes pasar elogios y regocijo. A veces son mucho más significativos cuando se pasan a otros que cuando son recibidos directamente. De esta manera, puedes ser parte de la creación de una comunidad positiva, incluso de una comunidad espiritual. Un maestro budista dijo que al practicar el habla armoniosa o que causa armonía 'el tapiz de la Sangha[57] se teje con hilos limpios, fuertes y hermosos' (ver sugerencia de práctica: habla armoniosa).[58]

Estos son los cuatro preceptos del habla, pero antes de terminar con ellos hay un par de consideraciones más en la práctica de la comunicación hábil que me gustaría agregar. La primera es hablar en el momento correcto. En el *Abhaya Sutta*[59] el Buda le dice al príncipe Abhaya cómo decidir lo que vale y lo que no vale la pena decir. Para el Buda, decir algo tendría que ser verídico al igual que beneficioso y debería tener un gran sentido para saber elegir el momento oportuno en que debían decirse las cosas agradables y las desagradables. A mí me gusta recurrir a poner los contenidos del *sutta* en una gráfica, como en la figura 2.

---

[57] Es decir, la comunidad espiritual.

[58] Ratnaghosha, *'A word of magic'*, charla disponible en http://ratnaghosa.fwbo.net/wordfive.html, accedido el 15 de abril de 2013.

[59] *Abhaya Sutta*: Para el Príncipe Abhaya (MN 58), traducción de Thanissaro Bhikkhu, disponible en http://www.accesstoinsight.org/tipitaka/mn/mn.058.than.html , accedido el 15 de abril de 2013.

Podemos ver que el Buda no diría algo falso bajo ninguna circunstancia. Tampoco evitaría decir algo que no es agradable de escuchar. A veces se requiere valor para hablar. Por miedo al conflicto potencial podemos mostrarnos renuentes a decir la verdad. Podemos conspirar. El Buda nunca haría eso, pero por consideración al que escucha siempre se aseguraría de hablar en el momento correcto. A veces, si nos sentimos nerviosos respecto a una conversación que debemos tener o si estamos muy ocupados podríamos soltar lo que queríamos decir en un momento o un lugar que no es el adecuado. Esto puede ser doloroso para el receptor y hacerle más difícil ser receptivo a lo que tenemos que decirle. Si tienes algo delicado o difícil que decir, elige el tiempo y el lugar cuidadosamente, y asegúrate de que la conversación no sea apurada o sea interrumpida.

La segunda consideración es escuchar. Esto también es una parte vital de la comunicación hábil. Escuchar de verdad significa esperar hasta que sea tu turno de hablar, lo que a menudo es particularmente tentador si estás en una discusión acalorada. Recuerdo una vez, cuando estaba teniendo una dificultad permanente con una persona, que le dije a un amigo mutuo: 'Supongo que esta persona y yo simplemente nos tendremos que seguir hablando'. El amigo mutuo me dio una lección que he tratado de recordar siempre, al responderme, '¿Qué tal si en lugar de hablar más escuchas más?'.

Escuchar de verdad es tratar de ser más profundamente consciente de la persona detrás de las palabras literales que está diciendo. Es probable que conozcas a gente que no te escucha realmente y sabes lo difícil que resulta abrirse a esas personas. Del mismo modo, si quieres que las personas se abran contigo, si deseas ser un buen amigo, puedes practicar 'escuchar profundamente' cuando estás con ellas. El primer paso en esto involucrará simplemente absorber a esa persona visualmente con una conciencia amable: ¿Cómo luce hoy? ¿Se ve cansado, entusiasmado, ansioso o feliz? Cuanto más sienta tu interés y conciencia amables más dispuesto estará a compartir contigo.

Ya he dicho bastante sobre el habla hasta ahora. Introduje los cuatro preceptos del habla, el habla oportuna y el escuchar y he sugerido algunos ejercicios prácticos. A la vez que se practican estas cosas, es importante tener cuidado con la tendencia a estar tan preocupado por no romper los preceptos del habla que nunca digas nada, lo cual, de hecho, sería la única manera de nunca romperlos. A veces, especialmente si eres de un cierto temperamento, es decir, si tiendes a contenerte de hablar debido a la timidez o al miedo al conflicto, es mejor tomar el riesgo y simplemente hablar. Si lo haces mal, probablemente no será el fin del mundo. Siempre puedes disculparte e intentarlo de nuevo.

....

 Sugerencia de práctica:
Habla armoniosa

Durante la siguiente semana más o menos practica abstenerte de hablar mal sobre alguien a sus espaldas o chismear. Por regla general una buena manera es no decir nada que no querrías que la persona escuchara. Al mismo tiempo, si escuchas a alguien elogiar o celebrar a alguien cuando no está, pasa la voz.

Al final de la semana revisa tu práctica:

- ¿Fue fácil o difícil contenerte de chismear?
- ¿Qué efecto tuvo?
- ¿Pudiste pasar la voz de los halagos?
- ¿Cómo se sintió?
- ¿Qué efecto tuvo en la persona a quien le pasaste el halago?

¿Es verdad?	¿Es benéfico?	¿Es agradable?	¿Lo diría el Buda?
✗	✗	✗	No
✓	✗	✗	No
✗	✗	✓	No
✓	✗	✓	No
✓	✓	✗	Sí, en el momento correcto
✓	✓	✓	Sí, en el momento correcto

Fig. 2: Del Abhaya Sutta: cómo se comunica un Buda

MENTE

EL PRINCIPIO DE ABSTENERSE DE INTOXICAR LA MENTE; O ATENCIÓN PLENA

En la actualidad existen muchos libros y cursos sobre *mindfulness* (atención consciente / atención plena). La gente lo practica para aliviar su estrés, para ayudarse a no recaer en la adicción o para apoyarse en el manejo de algún dolor físico, pero este se incluye en los cinco preceptos por la razón particular de que sin ello no puedes practicar ninguno de los otros preceptos. Necesitas ser consciente de ti mismo, de tu efecto en este mundo y de los demás para ser hábil. Así que este precepto se trata de promover actividades que te apoyen en el cultivo de claridad de mente y alejarte de actividades que la entorpezcan.

La forma más directa de cultivar atención plena o claridad de mente es a través de la meditación. Por lo general el resultado de cultivar claridad de mente y experimentar la satisfacción de estados mentales más claros y brillantes es que la actividad de la mente que atenúa esta claridad tiende a disminuir. Cuando empecé a meditar por primera vez me confundía un poco el por qué parecía que me sobraba más dinero que antes al final del mes. Luego caí en la cuenta de que, sin ser consciente de esto, ya no estaba gastando la misma cantidad de dinero en alcohol. No es que yo fuera particularmente una gran bebedora, pero en retrospectiva noto que a través de la meditación y acudiendo a retiros budistas los estándares sobre mis estados mentales se habían elevado. Valoraba la conciencia más clara y sutil que experimentaba ahora y de forma natural no quería corromperla o echarla a perder. Así que el consumo de alcohol disminuyó naturalmente.

El alcohol intoxica evidentemente. Las llamadas 'drogas recreativas' también, por supuesto, pero existen muchas otras maneras en que 'nublamos nuestra mente' y atenuamos nuestra conciencia: ver la tele de forma mecánica o comprar cigarrillos y, desde luego, la tecnología moderna está constantemente proporcionándonos nuevas maneras de distraernos, como la pornografía y los juegos por Internet.

Podrías participar en estas actividades para distraerte. Quizá estés harto del ruido de las preocupaciones y las ansiedades en tu cabeza y simplemente quieras desconectarte por un rato. Eso podría estar bien si lo haces con moderación, pero el problema radica en que, de acuerdo con el budismo, de la misma forma en que comer mucho chocolate o fumar tiene un efecto directo en tu salud, el hábito de participar en esta 'intoxicación' más indirecta no solamente afecta a tu mente en el momento, sino que, además, tendrá un efecto más general en la condición de tu mente. Recuerdo que fui a un retiro en un lugar hermoso en las montañas escocesas, junto a un lago cristalino. Mientras varios de nosotros bajábamos del autobús y queríamos respirar el aire fresco una compañera de retiro se giró y me dijo: 'El problema es que me he olvidado de cómo detenerme y disfrutar de todo esto'. Lo interpreté como que había llenado su vida de tantas actividades distractoras que había disminuido su capacidad para simplemente estar atenta.

La práctica de la atención consciente no es solo otra forma de 'desconectar' tu mente. Es un medio para 'profundizar más' dentro de tu mente. La metáfora de 'profundizar más' sugiere que puedes ver tu mente como un océano. La superficie puede ser turbulenta y estar agitada, pero si puedes descender bajo la superficie encontrarás estados mentales que son más espaciosos y ricos de lo que podrías haberte imaginado.

Una manera de cultivar atención consciente es mirar lo que haces para relajarte y tratar de intercambiar gradualmente actividades que nublen y vulgaricen tu mente por actividades que la clarifiquen y estimulen. Eso requiere esfuerzo. Es fácil tomar el 'camino de la resistencia mínima' hacia la distracción, así que te daré unas sugerencias de práctica más adelante: 'Observar la manera en que te relajas'.

 Sugerencia de práctica:
Observar la manera en que te relajas[60]

He aquí unas sugerencias de práctica para cambiar actividades que tienden a nublar y vulgarizar la mente por actividades que la clarifiquen y estimulen y que podrías practicar durante la próxima semana.

- Dedica una tarde a leer una novela clásica en lugar de ver televisión.

- Lleva un ejemplar de poesía para leer en el metro o el autobús en lugar de un periódico basura.

---

[60] Esta idea fue inspirada por Maytreyabandhu, *Life with Full Attention*, Windhorse Publications, Cambridge 2009, p. 202.

- En lugar de tomarte una copa de vino para relajarte escucha un CD de meditación

- En lugar de navegar en internet durante tu hora de comida trata de disfrutar tu sándwich de forma consciente, saboreando cada bocado.

- Camina por el parque o las calles aledañas en lugar de caminar entre las tiendas.

Fig. 3 El centro de la rueda de la vida

TRANSFORMAR LA AVIDEZ, EL ODIO Y LA ILUSIÓN

En la serie de diez preceptos está implícito el básico de la atención plena y se introducen tres 'preceptos de la mente' más específicos. Hablaré un poco de estos en general y luego los exploraré individualmente.

En el capítulo 2 vimos que la existencia ignorante se describe como un ciclo repetitivo infinito. El budismo amplía esta metáfora al decir que esta rueda infinita está dirigida por la triada conformada por la avidez, el odio y la ilusión. En la imagen de la rueda de la vida (ver figura 3) estos tres se representan con un gallo (avidez o ansia), una víbora (odio) y un cerdo (ignorancia o ilusión) y se muestra a cada uno mordiendo la cola del siguiente, yendo hacia adelante de manera continua.

Es este trío el que nos ocupa ahora. Aunque, para cambiar la metáfora, la avidez, el odio y la ilusión parecen estar tejidas a la tela de nuestro ser, en realidad son algo que hacemos, no simplemente algo que nos ocurre. Entonces, si lo hacemos podemos 'deshacerlo'. Los voy a analizar uno por uno para explorar la manera en que nos conducimos respecto a ellos.

EL PRINCIPIO DE ABSTENERSE DE LA CODICIA; O TRANQUILIDAD

La codicia es el estado en el que te esfuerzas por intentar apropiarte de algo externo e, incluso, incorporarlo a ti mismo, pero puesto que, de hecho, esto es imposible, el estado de codicia es también el doloroso estado de la frustración.[61]

---

[61] Ibíd., p. 111.

Esta es la razón por la que el budismo dice que solamente superando el avidez, de la cual la codicia es un aspecto, te liberarás del sufrimiento y la frustración. El Buda dijo:

> *Cualquiera en este mundo que supere esta despreciable y pegajosa ansia, tan difícil de superar, logrará que sus pesares desciendan de él como lo hacen las gotas de agua por la hoja del loto.*[62]

Una gota de agua rodando por una hoja simboliza la ausencia de adherencia y, como tal, es la clásica imagen del desapego, pero el 'desapego' no siempre suena atractivo. Puede tener connotaciones de frialdad, incluso de indiferencia y enajenación. A menudo me preguntan (y me lo pregunto yo misma) '¿Cómo puedo amar a una persona, incluso amarla con pasión, sin sentir apego? ¿Cómo puedo ocuparme de una causa de la que estoy convencido a es para el bien mayor de todos y, al mismo tiempo, no aferrarme a ella tan fuertemente que sienta desprecio por la gente que no me apoya?'. Estas preguntas frecuentemente se ven como koanes zen, en los que no parece existir una solución lógica. Son problemas que no pueden ser resueltos en su propio nivel.

Lo más cerca que estuve de tener 'el destello de un destello' sobre cómo sería amar sin apego fue una vez que estuve en un retiro en solitario. Había decidido copiar un

---

[62] *Dhammapada*, traducido al inglés por Sangharákshita, Windhorse Publications, Birmingham 1998, p. 181.

largo texto budista en caligrafía a modo de libro e ilustrar cada página con pequeñas imágenes en acuarela. Todavía puedo ver algunas de esas imágenes ahora mismo, un loto azul, un cisne hembra... También levanté un altar con la imagen del Buda para representar mis ideales más elevados y pasaba mucho tiempo meditando frente a él. Mi idea para el libro que estaba haciendo era que se convirtiera en una ofrenda para mi altar. Para completar esta acción y mostrar que no estaba haciéndolo para adueñarme de él, después de hacer la ofrenda lo quemaría a modo de ritual. Mientras realizaba mi trabajo no pasó mucho tiempo antes de que me equivocara con una de las letras. De inmediato noté mi pensamiento: 'No importa. ¿Qué relevancia tiene? Lo voy a quemar de todos modos', pero otra voz interior me dijo: 'Por favor, se supone que es una ofrenda a tus ideales más elevados. Haz tu mejor esfuerzo. Vuelve a hacer la página'. Así que volví a hacer la hoja completa. Más o menos una hora después me volví a equivocar. Nuevamente negocié conmigo misma para repetir la página entera, pero de manera gradual, al correr de los días y las semanas ocurrió algo nuevo. Seguía cometiendo errores, pero ya no tenía que analizar y hablar conmigo misma para rehacer la página. Simplemente quería hacerlo. La actividad había cobrado vida propia. Yo me encontraba sencilla y felizmente involucrada con el deseo de que fuera lo mejor que se podía en sí misma. El hecho de que fuera a ser quemada no hacía que me importara menos y el que fuera a ser tan bella como mis capacidades me lo permitían no me disuadía de desear quemarla. Se la ofrecí al Buda. La quemé en la estufa.

Puedes reflexionar sobre que todo lo que haces, incluyendo tu propio sentido del ser, se disolverá o será quemado un día. Esta es tu verdadera naturaleza y la de todo lo que te importa, así como de todo lo que ansías o deseas. El peligro al reflexionar sobre estos 'hechos de la vida' es que podrías caer en el nihilismo. Podrías preguntarte '¿qué sentido tiene incluso intentarlo?'. Evité este peligro en el caso de mi caligrafía al involucrarme imaginativamente con hacer el libro como una ofrenda para mis ideales más elevados. Recuerdo haber pensado en ese momento: '¿Cómo sería ver mi vida entera al servicio de mis ideales más elevados?'. Me di cuenta de que si yo podía hacer esto al mismo tiempo que era consciente de la naturaleza transitoria de todas las cosas, incluida yo misma, mis prioridades cambiarían. Definitivamente significaría que no me pondría de mal humor cuando no obtuviera lo que había estado deseando o cuando la causa por la que había estado luchando no fuera tan ampliamente apoyada como pensaba que debía serlo.

 **Reflexión:**
Apreciar lo que tienes

Pon atención a lo que puedes ver, oír, probar, tocar y oler en este momento.

Reflexiona sobre que el simple hecho de estar vivo es extraordinario. Aun si tu vida pasa por un momento difícil en este momento, por lo menos tienes vida y conciencia.

Si estás leyendo esto, también es probable que vivas en un lugar y un tiempo en la historia del mundo increíblemente afortunado; un tiempo y un lugar de riqueza y libertad sin precedentes. Trae a tu mente todas las cosas materiales de las que te beneficias, tales como comida y refugio.

Pregúntate a ti mismo qué más existe en la vida para estar agradecido. Pueden ser tu familia y amigos. Luego están todas las riquezas culturales: educación, arte, libros, películas, música. Están los maestros que te han sido de ayuda. ¿Hay algunas otras 'bendiciones' que se te ocurran? ¿Algo o alguien que haya enriquecido tu vida?

Haz una lista de cinco de estas bendiciones. Si quieres, puedes continuar haciendo cotidianamente una lista de 'cinco al día'.

El tipo de experiencia que tuve en mi retiro es la clave para la pregunta de cómo puedo amar sin apego. En estados de ansia y apego quieres que el objeto de tu deseo satisfaga tu necesidad de alguna manera, pero desapego significa que el objeto existe por derecho propio y no como algo que tiene que cubrir tu necesidad, así que puedes deleitarte en él por sí mismo. Esto es tranquilidad, un estado mental positivo, generoso, en el que no existe el descontento, sino la libertad, la apertura y la espontaneidad.

Es fácil enfocarse en lo que no tenemos y dar por sentados los beneficios que sí tenemos. Una forma simple de cultivar un sentido de la riqueza interior y transformar la codicia es reflexionar conscientemente en las cosas positivas que ya están en tu vida. El ejercicio en la página anterior, 'Apreciar lo que tienes', te ayudará a hacer esto.

EL PRINCIPIO DE ABSTENERSE
DEL ODIO; O COMPASIÓN

La codicia es el estado en el cual te encuentras luchando por apropiarte de algo externo. El odio surge cuando esto se ve entorpecido u obstruido, ya sea a causa del objeto o la persona mismos o por alguien o algo más. El odio es el deseo de dañar a aquello que se interpone entre nosotros y el objeto, persona o resultado que deseamos.

Puede tomar muchas formas: irritación, resentimiento, agresión pasiva, culpa, indignación justificada o rabia en contra de otras personas o de objetos inanimados. Recuerdo haber visto a alguien azotar su teléfono móvil contra el suelo. Puede tomar la forma de placer por la desgracia de alguien y, desde luego, puede ser dirigido hacia ti mismo así como hacia otros, dando como resultado una baja autoestima crónica. Incluso leer sobre las formas de odio puede ser doloroso, porque las emociones que representan van en dirección totalmente opuesta al crecimiento y el florecimiento humano.

El odio es una deseo definitivo de hacer daño, a diferencia del enojo, el cual puede ser utilizado hábilmente si (y este es un gran si) tienes la suficiente claridad de mente o atención consciente. Cuanto más mores en el odio o alrededor de este, más fijo y estable se volverá. Una vez, en un ejercicio bastante mal orientado, les pregunté a las personas en la clase sobre las diferentes formas de odio, mientras las escribía en un rotafolios. Después de unos diez minutos, la atmósfera del aula se tornó sumamente hostil. La gente dejó de simplemente listar las palabras y pasó a dirigirlas de unos hacia otros.

El odio ocasiona que nuestra perspectiva se estreche. Nuestra postura fija nos hace interpretar las acciones de nuestro 'enemigo' solo en términos negativos. Simplemente no pueden hacer nada bien. De la misma manera en que alguien a quien estamos apegados no hace nada mal nuestros ojos. Recuerdo un pequeño incidente que me hizo notarlo. En la comunidad budista en la que vivo meditamos juntas por las mañanas. Un día algunas compañeras llegaron tarde después de que todos nos habíamos acomodado y empezaron a acomodarse justo detrás de mí. Conforme susurraban me di cuenta de que mis emociones eran confusas. No sabía si sentirme molesta o ser indulgente, debido a que, sin mirar directamente a las personas, no podía saber si era alguien con quien no me llevaba bien o si era alguien con quien tenía buena relación. Esto me demostró lo subjetivo e irracional que podían ser mis sentimientos de mala voluntad.

Es fácil convencernos de que nuestra mala voluntad está justificada, especialmente cuando la otra persona en verdad hizo algo que nos ha causado problemas. En una ocasión en la que yo dirigía un retiro alguien quería cambiar la hora de la cena. Me mostré inflexible e insistí en que no podía cambiarse la hora y que tenía 'la razón de mi lado', puesto que había dirigido una gran cantidad de retiros similares. Un amigo, viendo el estado en el que empezaba a entrar, me dijo sin dudar que necesitaba calmarme de inmediato. '¿A pesar de que tengo razón?', me lamenté. 'Especialmente si la tienes', me respondió. Me estaba recordando que la sabiduría budista dice que no importa lo que la otra persona haya hecho, la mala voluntad nunca tiene justificación. El Buda dijo que 'El odio no disipa el odio, solo el amor disipa el odio.[63]

El Buda expresó que esta es una 'ley eterna', lo que significa que es verdadera sin importar cuánto te haya alterado o lastimado alguien, pero al decir esto el Buda no nos está pidiendo lo imposible. Está diciendo que nada puede disolverse agregándole más odio a la ecuación.

Mientras odias a alguien no puedes identificarte imaginativamente con él. No puedes relacionarte con él adecuadamente como ser humano. La compasión, por el otro lado, es una resonancia con todos los seres. Es el reconocimiento de lo que tenemos en común más profundamente y el deseo de actuar en el beneficio de todos. Así que la compasión es el opuesto directo o la contraparte positiva del odio. A su vez, el odio no puede cambiarse por compasión en un mismo instante, especialmente si alguien te ha lastimado a ti o a alguien que amas profundamente. Este cambio es un proceso y meditaciones como la siguiente, 'Cambiar odio por compasión', pueden ser un elemento poderoso para ese proceso.

---

[63] Ibíd., capítulo 24, verso 336, p. 113.

Meditación:
Cambiar odio por compasión

Siéntate cómodamente, en posición vertical con los ojos cerrados. Conecta con la sensación de tu peso cayendo hacia el suelo y hacia el cojín o la silla.

Ahora sintoniza con el flujo natural de tu respiración, solamente siguiéndola con tu atención.

Trae a tu mente a alguien que conoces y que encuentras difícil. Para comenzar, no elijas a alguien a quien en verdad odias o que te haya lastimado muy profundamente, ya que esto te resultaría muy complicado.

- Reconoce la conducta difícil y cómo te hace sentir. Al mismo tiempo trata de ver el panorama general.

- Reflexiona que esta persona también es un ser humano, como tú, que quiere ser feliz y realizarse.

- Intenta desearle bienestar mentalmente, diciendo: 'Que seas feliz, que estés bien, que estés libre de sufrimiento, que progreses'.

- Repite estas frases cuatro o cinco veces. Luego regresa a las sensaciones de la respiración en tu cuerpo.

Finalmente relaja tus esfuerzos y quédate sentado durante un minuto, para absorber los efectos de la meditación.

EL PRINCIPIO DE ABSTENERSE DE FALSAS OPINIONES; O SABIDURÍA

Lo que el budismo llama falsas opiniones no es únicamente una especie de malentendido intelectual. En el budismo lo que hace a una opinión falsa es que se trata de una expresión o una racionalización de un estado mental contaminado por la codicia y el odio, así como por la ilusión.[64] Las falsas opiniones no solo son el resultado de estos estados mentales torpes sino que los refuerzan. Si no se toma una acción al respecto, se crea un círculo vicioso interminable. Recuerda la imagen de la existencia ignorante, representada como una rueda. En el centro está guiada por el cerdo de la ignorancia, la víbora del odio y el gallo de la avidez, cada uno mordiendo la cola del otro. Recuerda también que las falsas opiniones descontroladas terminarán por engordar al cerdo cada vez más sobre la víbora, la víbora engordando más sobre el gallo y el gallo engordando más sobre el cerdo. Así sucesivamente. Dado que, como vimos en los capítulos 1 y 2, toda nuestra experiencia es producida y dirigida por nuestra mente, las falsas opiniones respaldan a nuestros actos torpes de cuerpo, habla y mente.

El Buda estaba libre de toda opinión[65], pero no podemos tomar un atajo para llegar a ese punto. No podemos tomar un atajo hacia la sabiduría. En esta etapa necesitamos, primero que nada, aceptar las 'opiniones correctas' como la base para actuar, como una base para la ética, pero las 'opiniones correctas' no son simplemente 'correctas' en el sentido de ser opuestas a las opiniones falsas. Las opiniones correctas no son sistemas de ideas cerrados a los que

---

[64] Sangharákshita, *Los diez pilares del budismo*, p. 118.

[65] Sangharákshita, *Conoce tu mente*, Windhorse Publications, Cambridge 2008, p. 134.

agarrarse y defender. Son la adopción de actitudes hábiles aceptadas como medios para ayudar a transformar estados mentales torpes. Las opiniones correctas son la expresión de estados mentales hábiles y los cimientos para los estados mentales hábiles.

Hay muchas opiniones falsas listadas por el Buda. Todas ellas entorpecen la auto-trascendencia o la realización de la verdad acerca de la ausencia del yo, que es la meta de la vida espiritual. Un antiguo texto, el *Brahmajāla Sutta*, enumera y analiza las sesenta y cuatro juntas.[66] Sin embargo, al abandonar las falsas opiniones debemos ser cuidadosos de no caer en lo que Sangharákshita ha denominado una 'confusión común', que consiste en pensar en:

El conocimiento y la ausencia de ego como algo abstracto, incluso en términos metafísicos, en lugar de verlos como actitudes y conductas que se viven de forma concreta.[67]

Caer en este tipo de confusión te alejará de la sabiduría aún más. Así que voy a enfocarme solo en un ejemplo de falsa opinión con el que podemos trabajar directamente en nuestra propia experiencia. Es uno de cuatro o cinco que el Buda enseñó a Chunda, el orfebre, a quien conocimos previamente en este capítulo. El Buda enseñó a Chunda que era una falsa opinión sostener que 'no hay fruto o maduración en las

---

[66] Sangharákshita, *Los diez pilares del budismo*, p. 120.

[67] Sangharákshita, *Living with Kindness,* Windhorse Publications, Cambridge 2008, p. 134.

acciones bien intencionadas o mal intencionadas'.[68] En otras palabras, el Buda dijo que es una falsa opinión sostener que:

Las acciones no tienen consecuencias y entonces no hay una diferencia entre las acciones hábiles y las torpes.[69]

La opinión correcta que le corresponde puede cultivarse al practicar el tipo de reflexión sobre las acciones y sus consecuencias que presenté en el capítulo 1. Reflexionar sobre la ley del karma y profundizar tu práctica de la ética implicará que expandas continuamente el alcance de tu cuidado y tu preocupación. Esto a su vez implicará que tu experiencia de lo que llamas 'tú mismo' se vuelva cada vez menos fija a un solo punto de identidad. El ego será trascendido cada vez más por 'una orientación creativa de transformación'.[70] Esta auto-trascendencia es la meta del budismo. Darse cuenta de esto significa darse cuenta de la verdad sobre la ausencia del yo. Darse cuenta significa que la ignorancia se ha transformado en sabiduría.

Empezar a trabajar específicamente en la opinión falsa de que 'las acciones no tienen consecuencias' implica que podemos empezar esta transformación de la ignorancia

---

[68] *The Book of Gradual Sayings*, p. 178; citado en *Los diez pilares del budismo*, Sangharákshita, p. 119.

[69] Sangharákshita, *Los diez pilares del budismo*, p. 119.

[70] Sangharákshita, *Living with Kindness*, p. 136.

en sabiduría de una manera muy práctica. Como dice Sangharákshita:

Si encontramos difícil darnos cuenta del vacío último del ego, la solución es tratar de ser un poco menos egoístas. El entendimiento viene después de la experiencia, no antes.[71]

Sugerencia de práctica:
Más allá del bien y el mal

Una manera segura de saber si te estás aferrando fuertemente a una opinión (o incluso de manera dogmática) es si respondes acaloradamente o te molestas cuando se te desafía o si simplemente alguien disiente de tus ideas.

Durante la siguiente semana cada vez que notes que te estás agarrando a algo y defendiendo una postura u opinión, así se refiera a la mejor forma de poner la ropa en la lavadora, a una respuesta sobre el cambio climático o algo de naturaleza existencial, detente y pregúntate: '¿Por qué esto es importante?'. Cualquiera que sea tu respuesta a esa pregunta vuelve a preguntarte, '¿por qué *esto* es importante?'. Continúa preguntándote eso y ve a dónde te lleva.

Al final de la semana tómate un tiempo para reflexionar sobre este ejercicio, y toma algunas notas sobre lo que descubras.

---

[71] Sangharákshita, *Living with Kindness*, p. 134.

CAPÍTULO CINCO

UNA MOTIVACIÓN MÁS PROFUNDA

En el capítulo 4 presenté los preceptos éticos. En este capítulo quiero explorar cómo la forma en que nos relacionamos con los preceptos afecta a la manera en que los practicamos.

Primero voy a revisar la forma en que los valores que respaldan nuestra práctica ética afectan a la manera en que esta se desarrolla. Es decir, de qué manera se refleja el fin último del budismo en nuestra vida ética en el día a día. En segundo lugar, voy a ver la forma en que el nivel de compromiso que tenemos con esos valores afecta de manera fundamental ese desarrollo.

¿PARA QUÉ EXISTE EL CIELO?

Lo que da significado y validez a la ética budista es su concepto de la iluminación. El ideal de la iluminación es lo que sostiene a la vida ética budista. La práctica de la ética budista no trata simplemente de seguir lo que otros hacen. No se trata de obedecer a una autoridad. No se trata de dirigir tu esfuerzo a tu felicidad personal o la de otros. Practicar la ética budista implica vivir una vida hábil como un medio para alcanzar la iluminación en el beneficio de todos los seres. El ideal de la iluminación es lo que hace budista a la ética budista. Conforme se avanza en los ideales esta puede verse como algo prácticamente inalcanzable y de alguna manera lo es. Como lo que dice mi mentora de poesía sobre el ideal de ser un poeta tan magnífico como Wordsworth. Ella lo describe como algo totalmente inalcanzable, pero a pesar de eso aún lo intenta. Se ha puesto intencionalmente un objetivo casi inalcanzable y nos motiva a hacerlo también. Ella sabe que para cualquier intento creativo necesitamos un ideal que nos guíe o, incluso, que nos entorpezca en el camino. Cuanto más alto y más ilimitado sea ese ideal, más demandará de nosotros mismos. Como lo describe el poeta Robert Browning:

pero el hombre debería llegar siempre más allá de sus posibilidades.
De otro modo, ¿para qué existe el cielo?[72]

Una vez participé en una convocatoria para la recaudación de fondos, en la cual durante más de seis semanas caminamos por las calles de Birmingham tocando puertas y solicitándole a desconocidos donar dinero para apoyar un cambio social en la India. Habíamos establecido una meta colectiva, pero

---

[72] Robert Browning, 'Andrea del Sarto', en *The Norton Anthology of Poetry*, Norton, Nueva York 2005, p. 1034.

para la sexta semana se veía claro que no estábamos cubriendo nuestra expectativa, así que decidí tomar acción al respecto. Decidí que cualquiera que fuera el resultado no me permitiría fallar a causa del miedo. Así que me prometí a mí misma y a mi equipo que tomaría un riesgo en la forma de comunicarme en cada uno de mis encuentros. Prometí no irme de ninguna puerta pensando, 'si tan solo no me hubiera contenido'. Para probarme a mí misma que lo decía en serio me comprometí a hacer una donación al fondo cada vez que no cumpliera con el propósito que me había hecho. Mi práctica de tomar riesgos tuvo un resultado sorprendente. No solamente alcancé mi meta de donaciones al fondo, sino que tuve mucho más encuentros positivos y cautivadores de los que había tenido en las primeras cinco semanas. En una ocasión el riesgo que tomé fue contarle a una ama de casa sobre mi 'práctica de tomar riesgos'. Estuvo encantada de escuchar sobre ello y esto la motivó a interesarse en el proyecto. Yo regresaba cada tarde llena de energía e inspirada, dado que mi propósito había ganado empuje y había cobrado vida propia. Para el final de nuestra colecta me había probado a mí misma que era capaz de más, mucho más de lo que yo creía. Esto simplemente no habría ocurrido si no me hubiera comprometido con una meta que en el fondo yo creía que estaba fuera de mi alcance. Un vago 'voy a hacer lo mejor que pueda' no habría activado mis energías de esta manera y yo, al igual que los menos privilegiados de la India para los que hacía la colecta, habríamos quedado en pésimas condiciones.

El budismo dice que todas las cualidades que necesitas para practicar la ética pueden activarse en su totalidad únicamente cuando te comprometes con un ideal de autotrascendencia. En otras palabras, lo que te inspira a ser ético necesita ir más allá de lo ético. De otro modo simplemente no encontrarás la suficiente motivación o estarás motivado únicamente hasta cierto límite, pero no más allá. Sangharákshita refiere que conoce personas que están llevando una vida ética sin la inspiración de un ideal ilimitado. Dice que no podemos criticar su ética, pero que hay algo muerto en la manera en que están practicando. Su práctica no está precisamente viva. La siguiente reflexión te ayudará a identificar tus valores y ver de qué manera se ajustan a tu contexto de vida.

Reflexión:

Valores

Necesitarás tres hojas de papel tamaño carta y una pluma.

Dibuja un gran círculo en tu primera hoja de papel y escribe dentro de este todos los aspectos y actividades principales de tu vida. Trata de arreglarlo, de modo que aquellas cosas a las que te sientes más conectado emocionalmente o a las que dedicas la mayor parte de tu tiempo estén cerca del centro. Las cosas que son menos importantes para ti o que son importantes, pero que les dedicas menos tiempo ponlas más cerca del borde, o bien, quizá todas deban estar fuera del centro. Funciona mejor si lo haces rápidamente, así que dedica solo cinco minutos a hacer esto.

Ahora, en la segunda hoja de papel, haz una lista de tus valores. Nuevamente hazla rápido, en aproximadamente cinco minutos. Quizá valores la amistad y la comunidad, la belleza o la oportunidad de participar.

Ahora dibuja un círculo grande en tu tercera hoja y coloca elementos de tu vida de acuerdo con lo que estos serían si fueras fiel a tus valores. ¿Qué estaría idealmente en el centro? ¿Qué estaría en el borde? ¿Habría algo nuevo dentro?

Ahora mira la primera y la tercera hojas juntas. Cómo de similares o diferentes son? Si son similares, puedes reflexionar sobre las condiciones que creaste para lograr esto y hacerte el propósito de mantenerlas. Si son diferentes, podrías hacerte el propósito de dar un paso concreto para acercarte a los verdaderos valores de tu vida. Por ejemplo, podrías decidir inscribirte a un curso de meditación, pasar media hora jugando con tus hijos o llevar un libro de poesía contigo para leerlo en el metro, en lugar de leer los periódicos que distribuyen gratuitamente. Podrías incluso anotar la fecha en tus hojas y luego hacer la reflexión de nuevo, dentro de unos meses y ver qué cambios han sucedido.

COMPROMISO

Para estimular tus energías más profundas, necesitas primero tener un claro sentido de lo que son tus valores más elevados. Quizá sean la libertad, la verdad o el amor. En segundo lugar necesitas comprometerte con esos valores. Si tu intento es tibio o indeciso, no se activará todo tu potencial. De hecho, hasta el punto en que no te comprometas, las nociones como la libertad, la verdad, el amor o la iluminación se quedarán como simples 'ideas brillantes' en lugar de ideales.

La noción de compromiso parece ser cada vez menos popular. En nuestra cultura consumista nos venden la variedad y nos dicen que cuanto más opciones tengamos, nuestra vida mejorará, pero sin un compromiso solamente te quedarás en la superficie de tu vida. El compromiso le da continuidad a tus recursos más profundos, te pone a prueba, te demuestra que eres más de lo que pensabas, te enriquece y te permite aportar algo de valor al mundo, ya sea que se trate de un poema, un aula, un andén de tren en la India o un acto desinteresado de generosidad.

Recientemente conocí a una joven en el centro budista, cuya asistencia a nuestro retiro de invierno le había dado un sentido más profundo sobre las posibilidades de la práctica. Expresó que, como consecuencia de esto, iba a darle a las enseñanzas y las practicas su máximo esfuerzo lo que restaba del año. Al final de ese tiempo evaluaría su efecto y haría una elección informada sobre si quería continuar con ellas o no. Me pareció que era un enfoque muy inteligente. Combinaba los principios de compromiso y libertad. Tienes que ser libre para tomar tus decisiones y ser libre para comprometerte. En otras palabras, libre de no ser budista para ser budista.[73] Al mismo tiempo, sin un grado de compromiso nunca sabrás si las prácticas realmente funcionan. No tendrás nada sobre lo cual basar tu elección.

---

[73] Aforismo de Sangharákshita.

El compromiso no es algo de una vez y para siempre. Habrá niveles de profundización y el budismo Triratna ofrece un camino para expresar puntos clave dentro de esos niveles de profundización. He resumido el proceso de este camino en la sección titulada 'Compromiso Triratna', más adelante.

Ordenarse como budista significa hacer un compromiso formal con los ideales del budismo. No hay nada de abstracto en ello. Significa comprometerse a hacer que esos ideales se vuelvan más activos en cada aspecto de nuestra vida. Como medio principal para lograr esto los miembros de la Orden Triratna toman los diez preceptos. Como vimos en el capítulo 4, los diez preceptos son principios de entrenamiento que, juntos, apuntan a relacionarse con acciones del cuerpo, del habla y, primordialmente, de la mente. Esto se debe a que alguien que se está convirtiendo en miembro de la orden está dando su palabra de hacer manifiesto su compromiso de transformar cada aspecto de su ser. De manera más específica y significativa, uno toma los tres preceptos de la mente en la ordenación porque acepta su ordenación con el fin de alcanzar la iluminación en el beneficio de todos los seres. Esto significa intentar purificar su mente de la ignorancia de manera consciente, porque este es el único camino por medio del cual se puede alcanzar la iluminación.

En la ceremonia de ordenación la persona recibe los preceptos por parte de su tutor en forma de votos. Este acto no se realiza como algo que se entrega o se transfiere a la persona. No es que ahora tenga permiso para observar los diez preceptos. Es más un acto en el que la persona ve que sus tutores, de hecho, viven esos preceptos. La enseñanza del Buda es una tradición viva, una fuerza activa y al aceptar los preceptos la persona está continuando esa tradición de conducta ética viva. Podría decirse que el nuevo miembro de la orden ve a sus tutores volverse cada vez más humanos y eso detona una humanidad más profunda en él mismo.

Cuando me ordené no solamente me volví más consciente del impacto que tenía mi conducta en mí misma y en personas específicas. También me volví más consciente de la manera en que mi conducta impactaba a toda la comunidad budista. En la ordenación comprometí mi vida a ayudar a construir una comunidad que trabajara en conjunto por el beneficio de todos los seres, ¡pero trabajar con otros es muy difícil! Hacen las cosas de diferente manera, ven las cosas de diferente manera, incluso ven la vida espiritual de manera diferente. Recuerdo claramente mi primera discusión con otro miembro de la orden. Convencida de que el otro estaba equivocado, me dispuse a hacer lo que siempre había hecho en mi vida, simplemente descartarlo, no tener nunca nada que ver con él, pero después me di cuenta (debo confesar que de alguna manera muy a mi pesar) de que hacer esto sería como hacer una burla de cualquier noción que yo tenía sobre crear una comunidad. Para vivir a la altura de mis valores (aquéllos con los que me había comprometido) iba a necesitar encontrar una manera genuina de resolver la dificultad. Iba a tener que convocar reservas internas más profundas. Como con la convocatoria para recaudar fondos, descubrí que era capaz de más de lo que pensaba y pude regresar a la armonía. Si no hubiera apelado a mi compromiso o quizá deba decir si mi compromiso no hubiera apelado a mí, estas reservas internas más profundas que me permitieron encontrar un camino genuinamente creativo para avanzar se habrían quedado sin explotar. Habría creído que había hecho mi máximo esfuerzo y que exigir más de mí misma habría sido imposible y poco razonable.

Desde luego no todo el mundo desea ordenarse, pero el principio de compromiso sigue siendo una verdad. No importa cuáles sean tus valores, tu nivel de compromiso con ellos afectará la manera en que se desarrolle tu conducta. Afectará el que estos sean ideales verdaderamente experimentados o se queden en deseos conceptuales o esperanzas piadosas. Tu nivel de compromiso te dará algo para lo cual estar a la altura y el incentivo para estar a la altura de este. Cuanto más ilimitado sea tu ideal menos se verá frustrada tu energía por los obstáculos que encuentres en el intento de estar a la altura. Serás más plenamente capaz de entregarte a ello con todo el corazón.

ACCIÓN PRÁCTICA

En términos prácticos, comprometerse con los preceptos simboliza el decidirte a hacer todo lo que puedas para mantenerlos. Significa decidir regresar continuamente a ellos, estar alerta a cualquier falta que cometas en los mismos, enfrentar el hecho de la falta y regresar 'al carril' de inmediato (revisaré en detalle cómo hacer esto en el capítulo 6). Comprometerse con los preceptos supone, por lo menos, no mantener deliberadamente un estado de terquedad o una implacable y dura actitud en la que no desees ni escuchar a la otra persona ofrecerte una disculpa, porque eso te obligaría a moderar tus propios estados mentales. Implica no albergar de forma activa estados mentales torpes, como aquella ficticia dama escocesa, Kate, esposa de Tam O'Shanter, cuando esperaba a que regresara su esposo de su tertulia,

Frunciendo el ceño como si una tormenta se avecinara, atizando su enfado para mantenerlo vivo.[74]

Comprometerse con los preceptos también significa cultivar atención consciente, de manera que no te permitas llegar al 'punto de ruptura' en el que piensas, 'No puedo más. Me cansé de tratar de ser hábil'. Un amigo mío le llama a esto apretar el botón de 'vete al demonio'. La atención plena te ayudará a ver venir esos momentos y anticiparte a ellos.

Finalmente, comprometerse con los preceptos conlleva decidirte a poner condiciones que te respalden para mantenerlos. Vale la pena considerar esto, puesto que con frecuencia no nos damos cuenta de lo mucho que las condiciones influyen en nosotros.

---

[74] Robert Burns, 'Tam O'Shanter', en *Selección de Poemas y Canciones de Robert Burns*, presentado por Sydney Goodsir Smith, Faber and Faber, Londres 1966, p. 60.

Nunca se me ha olvidado una entrevista que escuché en la radio, a un viejo soldado británico de la Segunda Guerra Mundial. Explicó cómo durante la guerra se topó con el cuerpo de un soldado alemán muerto y vio que este llevaba el estuche de un reloj. Describió cómo se dijo a sí mismo, 'parece un buen reloj. Me lo llevaré' y desprendió la caja del uniforme del hombre muerto. Sin embargo, cuando la abrió vio que, en lugar del reloj que él esperaba, había una foto de la esposa y el hijo del hombre muerto. La visión de esto lo afectó profundamente. Dijo que repentinamente se dio cuenta de que en otras circunstancias el hombre podía haber sido 'el mejor amigo de su vida' y, cuidadosamente, colocó la caja de vuelta en su lugar. El hombre empezó a llorar en la radio mientras explicaba cómo, en aquel momento, se había percatado de lo mucho que la guerra había atrofiado su propia sensibilidad. Dijo que de pronto volvió a sus cabales y se dio cuenta: 'No soy el tipo de persona que coge el reloj de otro'. Para ese momento él ya lloraba bastante, al aire, diciendo: 'Eso es lo que la guerra te hace. Eso es lo que hace la guerra'.

La mayoría de nosotros, la mayor parte del tiempo, proyectaremos la situación en la que nos encontremos. Somos mucho menos individuales y mucho más proclives a recibir alguna influencia de lo que creemos. Las situaciones que encontramos o en las que nos ponemos tenderán ya sea a atrofiar o a refinar nuestra sensibilidad ética. De modo que durante mucho tiempo a lo largo de nuestro camino espiritual, ajustar las condiciones para poder estar a la altura de nuestros valores es, de hecho, el principal trabajo. Es el área más constructiva en la que podemos enfocar nuestra energía. Es por esto que en el centro budista impulsamos a la gente a irse de retiro. En un retiro intentamos crear las mejores condiciones posibles para apoyar nuestra conducta al reducir los estímulos, meditar de forma regular, explorar explícitamente los valores humanos más profundos y crear comunidad. Desde luego que no puedes estar en retiro todo el tiempo, pero tu experiencia en el retiro te recordará cuáles son en realidad tus verdaderos valores y los reforzará.

Trágicamente para el viejo soldado, la suya era una condición que no podía cambiarse fácilmente, y ese será nuestro caso a veces, pero a menudo podemos influir en nuestras condiciones y comprometernos con la práctica de la ética conlleva responsabilizarse para hacer esto. Si eres serio con respecto a la práctica de los preceptos, te parecerá inteligente pensar en las condiciones que necesitas adecuar para mantener tus intenciones. La palabra budista para la cualidad que necesitas desarrollar para mantenerte alerta de las situaciones y eventos que probablemente te alejarían de tus intenciones, conduciéndote a una acción torpe es *appamāda*. Esto se traduce normalmente como 'atención consciente', como cuando decimos que las últimas palabras del Buda fueron 'Con atención consciente, sigan adelante',[75] pero '*appamāda*' significa 'atención consciente' en el sentido particular de continuar con la atención consciente para

---

[75] Ver Sangharákshita, *Conoce tu mente*, Windhorse Publications, Birmingham 1998, p.146; *Mahāparinibbāna Suttanta, Dīgha-Nikāya* 16 (ii 156).

prevenir la distracción y no caer en la torpeza. Una traducción más precisa es 'ausencia de imprudencia'.[76]

Practicar *appamāda* implica tener la inteligencia de preguntarte: '¿Qué obstáculos podría encontrar en mi camino hacia la conducta hábil y qué estrategias podría utilizar? ¿Cómo me voy a recordar hacer esto?'. Significa soltar todo orgullo que te haga desear hacer todo 'a tu modo' sin las condiciones que te respalden.

Por ejemplo, si sabes que siempre recaes en viejos patrones negativos cuando vas a pasar un fin de semana largo con tu familia podrías llevarte una foto del Buda para recordarte tus valores o podrías ponerte de acuerdo con un amigo desde antes para llamarlo a la mitad del paseo, alguien que sabes que de verdad te va a ayudar y no va a ser tu cómplice. Si has decidido no tomar alcohol durante la semana quizá necesites tener una charla con tu pareja antes, contándole por qué has decidido hacer esto y pedirle que te apoye. Si estás tratando de volverte vegetariano pero estás a punto de viajar al extranjero, a donde te será difícil conseguir comida vegetariana, quizá puedas buscar unos sitios web desde antes para ir preparado. Si practicas la atención consciente de esta manera, estarás brindándote el apoyo para estar a la altura de tus verdaderos valores en lugar de permitirte tomar el camino de la resistencia mínima cuando las cosas se ponen difíciles, debilitando con ello tu compromiso.

---

[76] Ver Sangharákshita, *Conoce tu mente*, p. 147.

SANGRE VITAL

La relación entre el compromiso y la práctica real del sendero budista es algo dinámico, vivo. Sangharákshita se refiere al compromiso con los ideales del budismo como 'la sangre vital que tiene cada persona como budista' y al cumplimiento de los preceptos como la 'circulación de esa sangre a través de cada fibra de su ser'. La sangre tiene que circular. Si no circula, el organismo al cual pertenece está muerto por definición.[77]

Si la joven con la que hablé después del retiro de invierno de verdad pasara el resto del año practicando la ética, la meditación y la reflexión, conforme vaya avanzando en su práctica, entenderá su propio ser y la naturaleza de aquello con lo que se comprometió, de formas nuevas y más sutiles; formas que nunca antes se habría imaginado.

Empecé este capítulo diciendo que el ideal de la iluminación es lo que apoya la vida ética budista, pero, de hecho, ninguno de nosotros realmente sabe lo que es la iluminación. No podemos saberlo. La única manera de saberlo es iluminándonos. Considerando esto, depender del ideal de la iluminación para darle valor y significado a nuestra práctica ética podría parecer paradójico. En efecto, es una paradoja que resulta natural en cualquier proceso creativo. Por ejemplo, fue únicamente comprometiéndome a escribir este libro que empecé a adquirir el entendimiento y la apreciación de

---

[77] Sangharákshita, *Los diez pilares del budismo*, Windhorse Publications, Cambridge 2010, p. 16.

lo que realmente significa escribir un libro. Desde esta perspectiva pude darme cuenta de que no tenía idea de lo que era 'escribir un libro' antes de empezarlo, aun cuando me había comprometido a hacerlo. Cuanto más seriamente me involucraba, más demandante se volvía el proceso. El reino de lo que *podía* ocurrir al 'escribir un libro' y lo mucho que tenía que aprender para siquiera acercarme a ese reino se volvió cada vez más aparente. Lo cierto es que me hizo apreciar de un modo completamente distinto a los otros autores que lo han hecho antes que yo. En otras palabras, aprecié más plenamente el objetivo y la distancia que había entre este y yo, lo cual me brindó un apoyo.

Hay un poema de Seamus Heaney que dice:

El arte de pintar en óleo,
las pintarrajeadas fijas sobre el lienzo son algo irrisorio
comparadas con lo que pide a gritos ser expresado.[78]

Estas líneas parecen manifestar la angustia que a veces se siente a medida que uno se da cuenta de lo inadecuados que son sus esfuerzos a la luz de los ideales que está tratando de expresar. A veces puede sentirse incluso como si uno hubiera retrocedido varios pasos y que es menos hábil ahora que cuando empezó. Conforme te comprometes más profundamente puede parecer que tus impulsos torpes más familiares se manifiestan con mayor fuerza que nunca, lo cual puede

---

[78] Seamus Heaney, 'Saw Music', en *District and Circle*, Faber and Faber, Londres 2006, p. 50.

ser alarmante e, incluso, hacerte sentir profundamente avergonzado e insuficiente. He visto budistas (incluyéndome a mí) que han llevado una práctica veinte o treinta años y un día se desestabilizan debido a las fuerzas de la duda, el deseo, el terror o los celos que los embisten. Cuando esto ocurre encuentro de mucha ayuda reflexionar sobre la historia del Buda y el ataque de Mara.

La historia ocurre en la noche en que el Buda se iluminó. Él se sentó a meditar tras declarar:

> *Gustosamente dejaré que la carne y la sangre de mi cuerpo se sequen, dejando solamente la piel, los tendones y los huesos, pero si no he alcanzado lo que puede lograrse a través de la firmeza humana, la persistencia humana y los esfuerzos humanos, no habrá descanso en mi persistencia.*[79]

Estaba completamente comprometido. De pronto, lo acometieron los ejércitos de Mara, quien representa todas las fuerzas que nos detienen y en la leyenda es personificado como alguien ferozmente poderoso. En primer lugar, Mara envía a sus hijos a atacar al Buda lanzándole flechas, pero a medida que estas alcanzaban el aura del Buda se transformaban en flores, que caían gentilmente a sus pies. Luego Mara envió a sus hermosas hijas a tratar de seducir al Buda. Este permaneció imperturbable. Finalmente, Mara intentó su último

---

[79] *Appativāna Sutta: Relentlessly* (AN 2.5), Traducción de Thanissaro Bhikkhu, disponible en http: //www.accesstoinsight.org/tipitaka/an/an02.005.than.html, accedido el 15 de abril de 2013.

truco. Se acercó al Buda y le susurró: '¿Qué derecho tienes a estar sentado ahí, pensando que puedes alcanzar la iluminación? ¿Quién te crees que eres?'. El Buda simplemente se inclinó y tocó la tierra con la punta de sus dedos. Ante esto, el espíritu de la tierra, la diosa de la tierra, se erigió y dio testimonio de todas las acciones hábiles del Buda a lo largo de sus vidas. Mara, completamente derrotado, se desvaneció.

A mí esta historia me dice que es justamente en los momentos en que estás a punto de dar un paso espiritual significativo hacia adelante cuando aparecerá 'Mara', representando a todas las fuerzas dentro de nosotros que nos detienen y todo el trabajo que aún falta por hacer. Puede sentirse como si estuvieras siendo increpado por algo fuera de tu control. La manera en que respondas cuando esto ocurra será vital. Si actúas desde impulsos como acercarte sexualmente a la esposa de tu amigo, perder los estribos con tu colega o permitir que la duda te persuada, eso tendrá consecuencias kármicas negativas. Te debilitará y causará daño en el mundo, pero si puedes hacer lo que hizo el Buda, permanecer incólume, confiar en todos los esfuerzos hábiles que has estado haciendo y dejar que esas fuerzas se consuman solas habrás convertido en un don algo que parecía doloroso e, incluso, se sentía como un retroceso. Habrás transformado tu ser a un nivel que nunca antes habías alcanzado. Te integrarás en un nivel mucho más profundo.

En el capítulo 1 exploré el camino de la integración y las formas de trabajar para lograr mayor integración. Comprometerte con el ideal de la auto-trascendencia es la manera más potente de todas para alcanzar la integración. Al comprometerte con cualquier ideal, primero que nada surgirán todas tus energías positivas, como surgió mi determinación durante la recolección de fondos. Entonces tus energías negativas se transformarán, igual que mi miedo se transformó durante la colecta. Así que cuanto más autotrascendente sea tú ideal, más saldrán a la luz del día tus energías inconscientes, dándote la oportunidad de transformarlas. En otras palabras, el ideal unirá todas las partes discrepantes en ti, incluso aquéllas de las que no eras consciente. Todas estas partes de ti se enfocarán y empezarán a moverse en una dirección más hábil; es decir, en dirección al ideal. Chase Twitchell expresa esto de forma hermosa en un poema que habla de ir a conocer a un maestro budista. Aquí el maestro es la personificación del ideal. El poema termina así:

> *Escuché*
> *sus pies descalzos sobre el suelo de madera.*
> *Todos los peces lentos de la ignorancia*
> *viraron hacia ese sonido.*[80]

EL COMPROMISO EN TRIRATNA

En la Comunidad Budista Triratna, cuando alguien empieza a tomar el budismo con mayor seriedad se le da la oportunidad de convertirse en mitra, que significa 'amigo'.

---

[80] Chase Twichell, 'Weightless like a River', en *The Snow Watcher*, Ontario Review Press, San Francisco 1988.

Un mitra de la Comunidad Budista Triratna es alguien que, en primer lugar, se considera un seguidor del Buda. En segundo lugar está practicando los cinco preceptos y, en tercer lugar, desea profundizar su exploración del budismo dentro del contexto de Triratna. La manifestación externa de estas 'tres declaraciones' es una ceremonia pública. Así que al volverse mitra, esa persona está marcando, a modo de ritual, el hecho de que se está alineando con estos ideales del budismo y, como expresión de esto, trata de vivir bajo los cinco preceptos cada vez más plenamente. Esto se manifestará de manera distinta en cada persona, pero también habrá ciertos elementos comunes. Por ejemplo, la mayoría de los mitras se volverán vegetarianos (si es que no eran ya totalmente vegetarianos), cómo expresión de su práctica del primer precepto.

Si después de volverse mitra la persona decide que desea comprometerse con los ideales de la autotrascendencia, como aquellos que analicé en este capítulo, se embarca en un entrenamiento que lo lleva a su ceremonia de ordenación. Mientras que volverse mitra representó la experimentación del inicio hacia una perspectiva budista sobre la vida, ahora está aspirando a profundizar en su compromiso con los ideales budistas hasta el punto en el que el compromiso esté activo en cada aspecto de su vida y tiene el suficiente ímpetu como para sostenerlo el resto de su vida.

Como parte simbólica de su compromiso, en la ordenación cada nuevo miembro de la Orden Triratna recibe una *kesa* para portarla alrededor del cuello. La *kesa* originalmente era un cinturón. Cuando uno se ordenaba como monje se le daba una túnica y el cinturón colgaba alrededor de su cuello, así que la *kesa* surgió de eso. Si vas a un centro Triratna, verás miembros de la orden portándola. El emblema de la *kesa* representa las Tres Joyas del budismo (ver figura 4). La joya amarilla es el Buda o el ideal de la iluminación. La joya azul es el Dharma, las enseñanzas del Buda. La joya roja es la Sangha, la comunidad espiritual. Las Tres Joyas están rodeadas por llamas, representando la transformación espiritual y descansan sobre una flor de loto roja, representando la práctica de los preceptos. Cada nuevo miembro de la orden recibe también un nombre en pali o en sánscrito. Todos estos nombres expresan cualidades espirituales y, lo más importante, significan un renacer espiritual, la entrada a una vida que va más allá de lo personal.

Sugerencia de práctica:
Cultivar la vigilancia ética

Toma cinco o diez minutos para pensar en la próxima semana. Elige un evento que preveas que será particularmente desafiante en términos de que requieras estar atento y con una actitud muy positiva para actuar desde los principios expresados en los preceptos.

Pregúntate aquí y ahora: cuando este evento ocurra, ¿simplemente vas a 'dejarte llevar' o te gustaría cultivar *appamāda*, vigilancia ética?

Si eliges lo último, entonces piensa en tres cosas que te gustaría implementar y que te apoyarían cuando este evento desafiante suceda. Escríbelas ahora.

Después de que el evento haya ocurrido dedica un tiempo a reflexionar de nuevo. ¿Ayudaron tus esfuerzos para cultivar *appamāda*? ¿Qué aprendiste? Escribe algunas reflexiones.

Fig. 4: Las Tres Joyas

CAPÍTULO SEIS

APRENDER A MORIR

En el capítulo 5 vimos que conectar y comprometerse con los ideales del budismo es lo que sostiene a la práctica de la ética budista. Este capítulo se relaciona con el hecho de que cuanto más conectes con los valores y te comprometas con los mismos, más doloroso se sentirá actuar de maneras que vayan en contra de ellos. Sentirás el dolor de decepcionarte a ti mismo y lastimar a otros, de no estar a la altura de tus ideales, y cuanto más te hayas comprometido a llevar una vida de valores y más elevados sean estos, más agudo será ese dolor.

Arrepentimiento en vez de culpa

La palabra budista para referirse a esta conciencia del dolor es *hrī*, que significa arrepentimiento. Lo más importante que debemos recordar sobre *hrī* es que, aunque es doloroso, es positivo. Es doloroso porque has ido en contra de los valores en los que has puesto todo tu corazón. Es positivo porque solamente podrás experimentarlo en la medida en que tengas valores (para empezar) y la sensibilidad para notar cuando has ido en contra de ellos.

Esto significa que la gente normalmente experimenta más *hrī* cuanto más tiempo y con mayor intensidad practica la ética budista, debido a que su sensibilidad ética se incrementa y sus estándares se elevan. Por ejemplo, yo solía pensar que estaba bien 'decir lo que pensaba', lo que, de hecho, implicaba hablar duramente cuando estaba enojada con alguien. Esto no me causaba remordimiento o *hrī* en lo absoluto. Más bien me sentía orgullosa de lo que consideraba como mi 'temperamento intenso' y pensaba que los demás debían 'lidiar con él'. A día de hoy sigo sin superar del todo la tendencia a dejar salir mi enojo e irritación, pero mediante la práctica y la reflexión en los preceptos estoy mucho más alerta ante la posibilidad de actuar diferente. Ambas cosas se combinan para hacer que *hrī* surja más fácilmente. Este arrepentimiento doloroso, a su vez, se vuelve un incentivo para actuar más hábilmente en el futuro.

Dedicaré gran parte de este capítulo a describir una serie de pasos que puedes seguir cuando notas que surge *hrī*, pero antes que nada hay una importante distinción que hacer. Una que incluso podría decir que me cambió la vida cuando la descubrí. *Hrī* o remordimiento no es lo mismo que culpa.

Antes de ser budista pensaba que la culpa era una virtud. De hecho, cuanto peor me sentía sobre mí misma por diferentes cosas que había hecho, más virtuosa pensaba que era. Mirando en retrospectiva me doy cuenta de que lo que estaba haciendo era una especie de protección, incluso una excusa. Si me sentía lo suficientemente mal sobre mí misma esto probaría que estaba realmente arrepentida y, lo más importante, nadie tendría el corazón para enojarse conmigo o castigarme. Como lo pone Oscar Wilde:

Existe cierto lujo en el autorreproche;
cuando nos culpamos sentimos que nadie más tiene el derecho
a culparnos.[81]

Así que, como podrás imaginarte, fue una especie de impacto darme cuenta de que en el budismo la culpa, por sí misma, sería catalogada como un estado mental torpe. Una de las razones por las que es así se debe a que, paradójicamente, girar alrededor de este estado de culpa, tan horrible como puede llegar a ser, no es, de hecho, afrontar nuestra conducta ética. Es una manera perversa, retorcida y desagradable de evitarla. ¡Te lo digo por experiencia!

Al diferenciar la culpa del remordimiento o *hrī*, encuentro realmente invaluable la identificación que hizo Sangharákshita de tres cosas que ocurren en sucesión (verdaderamente rápida) para producir la culpa.[82]

Dice que primero existe la conciencia de que has hecho algo mal o, al menos, algo que alguien no quería que hicieras. A continuación, surge el miedo a ser castigado cuando te descubran o, si no has hecho nada aún, el miedo al castigo si lo hicieras y fueras descubierto. Desde luego, esto

---

[81] Oscar Wilde, *El retrato de Dorian Gray*, Penguin, Londres 2003, p. 94.

[82] Sangharákshita, *Transformándose uno, transformando al mundo*, Windhorse Publications, Birmingham 1995, p. 88.

lleva a complicaciones tales como el ocultamiento y encubrimiento y a un sentimiento generalizado de resentimiento. Mas el tercer factor es probablemente el más claro de todos. La persona que no quiere que hagas aquello podría ser alguien que amas o que te ama. En otras palabras, alguien de quien dependes emocionalmente. Si haces aquello que esa persona no quiere que hagas, no solamente te castigaría sino que te retiraría su amor.

Podría ser una persona real o, bien, una 'figura de autoridad' interna. Quizá una combinación de ambas, gente real y autoridades internas. Es difícil vivir con la desaprobación tácita o implícita de aquellos a nuestro alrededor, nuestra familia, la gente en el trabajo, la sociedad en general. En mi caso personal, poco a poco empecé a darme cuenta que mi sentimiento de culpa, mi autocastigo, en efecto era una manera desesperada de tratar de evitar el escenario en el que sería castigada con la pérdida del amor, la aceptación y la aprobación de otros.

Hay un viejo chiste acerca de un hombre que va a confesarse a la iglesia y declara que robó unos pollos. Antes de darle la absolución el sacerdote le pregunta: '¿Cuántos pollos fueron?'. 'Dos, padre', le responde el hombre, 'pero póngale tres y me llevo otro ahora que vaya de regreso a casa'. Sé que esta es una caricatura demasiado simplista de lo que es una confesión católica, pero el punto es que si te quedas atrapado en el ciclo de hacer lo que crees que no deberías hacer – culpa - hacer lo que crees que no deberías hacer - culpa, difícilmente volverás a saber qué fue primero. Puedes terminar caminando en círculos en un estado de culpa permanente y considerando la lista de preceptos como una opresión más, como otras cosas de las que sentirte culpable. Tal vez puedes tratar de protegerte hablando de 'no flagelarte' o 'no hacerte pasar un mal rato'. Sin embargo, esto no llegará a la raíz de la culpa de un modo lo suficientemente profundo como para transformarla. La única manera de hacerlo es tratando de entenderla más profundamente.

La noción de culpa está ligada a la noción de pecado y la noción de pecado está ligada a alguna autoridad externa. El pecado opera esencialmente sobre la base de la obediencia en lugar del consenso.[83] Como hemos visto, en el budismo no hay autoridad externa. Esto significa que tampoco puede haber noción de pecado. Como expresó Sangharákshita de forma memorable:

Creer en el pecado no es, sino una traba que surge al asumir la reglas como fines en sí mismos.[84]

Es una traba puesto que perdemos nuestro tiempo preocupándonos por deshacernos de ella y es un verdadero peligro porque, como hemos visto, la tendencia a tratar las reglas como fines en sí mismos y permitir que las nociones budistas de 'hábil' y 'torpe' degeneren en los absolutos 'bueno' y 'malo' (en otras palabras, sucumbir al sentido

[83] Richard Holloway, *Moralidad sin Dios*, Canongate Books Ltd, Edimburgo 2005, p. 5.
[84] Sangharákshita, *The Inconceivable Emancipation*, Windhorse Publications, Birmingham 1995, p. 74.

literal) es muy fuerte. Así que, a pesar de que actualmente la mayoría de nosotros no creemos que exista un lugar llamado 'infierno', en el que sufriremos eternamente después de morir a consecuencia de las cosas que hayamos hecho en la tierra mientras estuvimos vivos, no necesariamente somos inmunes a la tendencia a pensar en las cosas como absolutas. He llegado a la conclusión de que no es tanto que el condicionamiento teológico religioso resulte en una tendencia general al sentido literal, sino que es nuestra tendencia al sentido literal, como seres humanos, lo que ha dado surgimiento a las teologías. Entonces, cuando las teologías se vuelven insostenibles o parecen absurdas, nos deshacemos de ellas. Sin embargo, si no hemos identificado nuestra tendencia a tomar las cosas en sentido literal, esta volverá a colarse. Terminaremos tratando los preceptos budistas, al menos en su formulación negativa, como una lista de cosas que están 'mal en sí mismas'. Es fácil engañarnos haciéndonos creer que estamos por encima de ese hábito a tomarlo todo en sentido literal, pero si ya hemos ido más allá, jamás adoptaremos la instancia moral suprema respecto a la torpeza de otra persona. En lugar de esto, al observar que sus acciones estarían destinadas a traerle sufrimiento (de acuerdo con la ley del karma) sentiríamos amor y compasión.

Si deseas volverte éticamente más hábil es fundamental que aprendas a notar la diferencia entre la culpa y el remordimiento, porque la culpa es paralizante. Esta es otra razón por la que en el budismo es considerada un estado mental torpe. Te impide avanzar hacia cualquier ideal de autotrascendencia. El remordimiento, en cambio, es exactamente lo contrario. Es el primer paso para moverte de la torpeza hacia la habilidad y, en consecuencia, hacia los valores, pero no siempre es fácil notar la diferencia y a menudo se confunden.

Si te queda la duda, una pregunta que puedes hacerte es: '¿He roto un precepto realmente?'. La culpa tiende a confundir a la mente, así que puedes usar la lista de preceptos para darte claridad. Si la respuesta a tu pregunta es 'no', entonces probablemente has sucumbido a la culpa. Por ejemplo, puedo estar sumamente inquieta ante el hecho de que parezco nunca estar al día con mi bandeja de entrada en el correo. De hecho, es frecuente que empiece mis correos con un 'lamento haber tardado tanto en responder', pero ¿he roto un precepto realmente? Si lo reflexiono, veo que no he ido en contra de ninguno de los preceptos éticos. Entonces sé que lo que estoy sintiendo no puede ser *hrī*. Sé que he sucumbido a la culpa, una especie de sentimiento vago, pero pernicioso, de que la 'gente' pensará que no soy buena en mi trabajo y entonces no me aceptará.

Por otro lado, el hecho de que sientas culpa no necesariamente quiere decir que no hayas sido torpe. La culpa y *hrī* se pueden confundir. Una regla de oro que he recordado por años (alguien la dijo en un grupo de estudio en el que estuve) es que 'la culpa es una preocupación por ti mismo. El remordimiento es una preocupación por la otra persona (es decir, esa con relación a la cual has sido torpe)'. En la culpa no enfrentas realmente lo que has hecho, mientras que en el remordimiento lo confrontas de forma directa. Puedes verlo de una manera muy pragmática. Si has roto un precepto, has

189

puesto un obstáculo en tu camino hacia el desarrollo espiritual. Lo que necesitas hacer es regresar al camino correcto. El pecado no entra en él.

De modo que *hrī* es natural porque no depende de la aprobación o desaprobación de ningún agente o autoridad externos. Sin embargo, sí depende de que tu sensibilidad ética esté muy desarrollada. Un vecino cercano a *hrī* es *apatrāpya*, que significa algo así como 'respeto por la opinión sabia'. Es difícil de definir. Puede parecer miedo a la desaprobación de otros, pero para nada es eso. Es más cómo que en compañía de algunas personas, en especial la gente a la que normalmente admiras y te inspira, no quieres ser torpe. Esto no se debe a que te dé miedo que esa persona te desapruebe, sino que su propio ser parece comunicarse. 'Esto es ser más totalmente humano. Es lo que es posible'. Repentinamente te das cuenta de que ya no quieres ser duro o mezquino cuando estás con ellos. Ellos sacan lo mejor de ti. Esto no se debe a algo que dicen, sino a quienes son. Si dices o haces algo torpe en su presencia, ellos 'no se se ponen de tu parte'. Ciertamente no te castigan, pero tampoco tratan de protegerte de las consecuencias de tus acciones. De este modo son como una conciencia externa de ti mismo. Debido a que nuestro propio sentido de conciencia no está tan desarrollado, es muy útil tener gente en nuestras vidas cuya opinión respetamos lo suficiente como para que surja *apatrāpya*.

Si de verdad sientes *hrī*, verdadero remordimiento, de manera natural desearás hacer modificaciones en donde sea posible. Una vez conocí a alguien que viajó por Irlanda entera restituyendo todo lo que había robado: un abrelatas de una hostal por aquí, una toalla de una casa de huéspedes por allá. Este ejemplo puede parecer un poco excesivo, pero quise incluirlo para mostrar que hacer modificaciones puede significar tomarse la molestia de algo y que hay valor en tomarse esa molestia.

Además de hacer modificaciones, si sientes *hrī* desearás tomar la determinación de no hacer eso de nuevo. Puede ser útil reflexionar, quizá con la ayuda de amigos, '¿Qué haría en otra situación similar? ¿Dónde perdí la iniciativa? ¿Cuáles fueron las condiciones que me hicieron perder *appamāda* (atención consciente)?'. Quizá hasta te des cuenta de que hay ciertas situaciones en las que aún no tienes la capacidad de ser hábil. A veces algunas situaciones serán demasiado para ti, por ahora. Podría haber alguien con quien se te dispara la negatividad de tal forma que tienes que admitirte a ti mismo que sería mucho mejor 'cruzar la calle' por ahora, en lugar de discutir con él. Aunque, desde luego, para practicar totalmente la ética budista querrás trabajar en modificar esa situación al final de cuentas. Tienes que ser inteligente en este sentido. Es parte de ser hábil.

Puede ser que te disculpes debidamente con alguien a quien has lastimado. No me refiero a la disculpa automatizada ante cada poste de luz que te topes, ese 'perdóname por existir' que parece ser un síndrome común, un hábito semiconsciente.[85] Me refiero a la expresión consciente de arrepentimiento. Yo sugeriría que si te disculpas lo hagas sin condiciones, aun si sientes que te provocaron. Lo que la otra

---

[85] Al menos he notado que es así en el Reino Unido e Irlanda.

persona hizo es su problema. Es muy tentador (una vez más, lo sé por experiencia) caer en la justificación, incluso en la crítica: 'Lamento haberte gritado, pero me sacaste de mis casillas'. Incluso un 'me disculpo por la parte que me corresponde' es una especie de crítica implícita. Me crispa los nervios cuando alguien me dice esto. Decir 'perdón por gritarte, pero estaba tratando de demostrarte vehementemente lo que siento' tiene un efecto debilitante. Intenta practicar un simple 'lamento haberte gritado'. Probablemente te sentirás más expuesto, más desnudo, pero no hay nada de malo en ello. Pedir perdón es un acto espiritual porque es una forma deliberada de soltar el ego.

CONFESIÓN

Como la niña católica que fui, solía ser una ávida practicante de la confesión. Cuando tenía seis años, nuestra maestra, la señora Grimley, nos explicó que cada uno de nosotros tenía un alma blanca, tan blanca como un blanco pañuelo. Cada vez que cometíamos un pecado era como si una mancha de tinta ensuciara el pañuelo. Cuando moríamos, el estado de nuestras almas era inspeccionado por Dios y esto determinaría la duración de nuestra estancia en el Purgatorio (a menos que tuviéramos un pecado mortal, desde luego, como un asesinato o haber faltado a la misa dominical, el cual oscurecería completamente nuestra alma, en cuyo caso arderíamos en el Infierno para la eternidad). Nos dijo que los fuegos del Purgatorio ardían con la misma intensidad que los fuegos del Infierno. La única diferencia

era que el Purgatorio llegaría en algún momento a su fin.
Cada semana acudía a confesión imaginando mi alma manchada por mis pecados. Estaba tan desesperada por hacer
que mi alma regresara a su estado de blanca pureza como
la de un pañuelo que incluso me sentaba detrás del confe-
sionario sola, como perro sentado afuera de su perrera,
hasta que el sacerdote (probablemente con un largo suspiro)
al fin me recibía. Entonces le contaba sobre mi insolencia
hacia mi madre, sobre no hacer lo que mi padre me pedía,
sobre ponerle apodos a mi hermanita y recibía mi penitencia: rezar una decena del rosario, pero las cosas se pusieron
muy mal cuando un día en el parque de atracciones puse
medio centavo en la máquina tragamonedas en lugar de un
centavo entero. Yo sabía, gracias a una dura advertencia
previa por parte del sacerdote cuando hice trampa durante
un juego de *Monopoly*, que hacer trampa con dinero era
particularmente malo, así que tenía mucho miedo de admi-
tir ese pecado cometido en la feria, pero omitirlo en mi confesión implicó agregar el pecado de la mentira al pecado de
hacer trampa. Solo podía empeorar las cosas. La siguiente
semana agregué otra mentira a la confesión y otra mentira
a la mentira. Así, sucesivamente, mis pecados fueron api-
lándose de forma exponencial. En algún punto desistí por
completo de ir a confesarme. En retrospectiva me doy cuenta de que aun en mi momento más sincero y devoto jamás
tuve la idea de que ir a confesarme pudiera cambiarme. Por
más que lo intentaba, repetía los mismos pecados cada semana. El incidente de la máquina tragamonedas había ter-
minado con mi máximo deseo: caer muerta inmediatamente
después de que mi alma prístina recibiera la absolución.

De nuevo ahora, como budista, practico la confesión con regularidad, pero esta vez sin la idea de una fuerza externa a la cual apaciguar, sin la noción de la mancha del pecado, sin la noción siquiera de un alma que será manchada. A veces me confieso con otra persona, un buen amigo que sé que me tomará con seriedad, alguien que comparte mis valores y entenderá mi objetivo. Eso es todo lo que necesitas para empezar una práctica de confesión. Otras veces me confieso ante un pequeño grupo de personas que también están comprometidos con los ideales del budismo y con quienes me reúno regularmente.

Me confieso porque, a pesar de que cuando he sido torpe e intento disculparme, enmendarlo y reconocer las condiciones que me llevaron a ser torpe en primera instancia, necesito algo más potente que me ayude a transformar las tendencias básicas de la mente que gobiernan mis acciones.

La práctica de la confesión es una manera ritual de reconocer plenamente que has sido torpe y que intentas cambiar. La torpeza puede haber sido con relación a alguien más o pudo ser que fuiste duro o poco amable contigo mismo, quizá mediante discursos de crítica interna o a través de conductas punitivas, tales como lastimarte, pero articular lo que has hecho y tu intención de no repetir esa conducta torpe hacia otra persona o un grupo de personas te vuelve más plenamente consciente de tus acciones y sus intenciones subyacentes. Encuentro que el efecto inmediato de esto es intensificar cualquier sentimiento o remordimiento, *hrī*. Es importante recordar que esto es altamente positivo. Practicar la confesión en el sentido budista, sin culpa, tendrá un efecto continuo también. Volverá más sensible a tu conciencia. De hecho, modificará la calidad de tu conciencia y te hará más éticamente consciente. La confesión también ayuda a profundizar la amistad y desarrollar un sentido de comunidad espiritual. La gente a veces dice que necesitas confiar para confesar. Esto, por supuesto, es verdad, pero al mismo tiempo la práctica de la confesión también desarrolla la confianza.

Si quieres instaurar una práctica de confesión, he diseñado una guía en un cuadro que encontrarás más adelante. No es definitiva y estoy segura de que le agregarás algunas cosas en el camino, pero estas son cosas que yo he encontrado útiles a través de los años.

Sugerencia de práctica:
Estructurar una práctica de confesión

Con quién confesarse. Es importante confesarse con alguien que te tome en serio, alguien que entenderá qué es lo que estás haciendo, alguien que comparta tus valores, alguien que pueda tal vez ayudarte a trabajar en la manera de evitar la acción torpe la próxima vez o que pueda señalarte amablemente que has estado confesando lo mismo durante un tiempo y tal vez necesites aclarar la estrategia para evadir esa torpeza en particular. Podrías confesarte con otra persona o dentro de un grupo.

Una pequeña advertencia. Ten cuidado de no desequilibrar a alguien confesando algo que lo involucra cuando no sabía nada de esto. Puede ser muy difícil ser la parte receptora de alguien, especialmente en una situación grupal, confesando su resentimiento, celos o lo que sea sobre ti. Como dijo una vez un amigo mío: 'Solo porque estás practicando la confesión no significa que puedas obviar los preceptos del habla'. Así que sé oportuno, armónico, útil y sensible en tus confesiones, al igual que veraz. Aún puedes confiar o confesar esas emociones, pero hazlo con alguien más primero y, quizá, comenta con ellos si sería buena idea decírselo a la persona afectada. Elige alguien a quien confiarle esto, que no tenga también algún tipo de emoción torpe con respecto a esa persona. De otro modo es muy fácil que la comunicación degenere en una conspiración o una 'alianza'. Es mejor elegir a alguien a quien, de hecho, le agrade esa persona. Tu deseo o tu falta de voluntad para hacer eso te dará, en sí mismo, una pista de cuánto realmente quieres cambiar.

Cuándo confesarse. Es mejor confesarse lo más pronto posible cuando aún sientes la chispa de *hrī*, antes de persuadirte de no hacerlo. Puede ser útil tener una sesión de confesión, digamos, una vez a la semana. Esto porque (como con la mayoría de las cosas que involucra el transformarnos) es muy probable que haya una resistencia natural. Hacer de la confesión un hábito regular puede ayudarte a superar esto.

Cómo confesarse. Es útil marcar el inicio y el final de un período de confesión. A algunas personas les gusta recibir confesiones de manera formal mediante una frase como, 'escucho y acepto tu confesión; que te purifiques', y se reserva cualquier pregunta o discusión para después de este ritual de aceptación. También puede ser de ayuda nombrar el precepto o preceptos que has roto. Esto ayuda a que las cosas sean aún más conscientes. No existen reglas rápidas y concretas para esto. Probablemente la única 'regla' sea dedicar más tiempo a decidir juntos el formato antes de empezar.

Qué confesar. Lo más sencillo es confesar todas las acciones que han ido en detrimento de tus ideales. Cuanto más específico seas sobre tu verdadera conducta mejor. Puede sonar muy espiritual 'confesar' que no has pensado en la iluminación en toda la semana, pero es más efectivo y, de hecho, requiere de mayor valentía confesar aquella tendencia mezquina que te hace unirte al chismorreo sobre un colega en la oficina. Siempre recuerdo a una persona que tenía una práctica de confesión semanal dentro de un grupo particular que me contaba sobre su práctica. Me decía que el grupo se sentaba en silencio primero y él pensaba: 'Oh, sí, puedo confesar esto o aquello y tal y cual', pero luego algo se colaba en su conciencia con el pensamiento simultáneo, 'Oh, no, *eso* jamás podría confesarlo'. *Eso*, desde luego, era lo que realmente debía confesar.

Mucha gente también encuentra útil complementar su práctica de confesión con una de revelación de tendencias a largo plazo y de hábitos muy arraigados, como el ser muy criticón, la ansiedad, la culpa o la comparación. Aunque quizá no seas capaz de soltar y confesar todas estas al mismo tiempo, tomar conciencia de ellas puede representar un paso hacia la transformación de las mismas.

Lo que hagas después de hacer una confesión es muy importante. La razón por la que cualquiera de nosotros es torpe, en primera instancia, es porque de alguna manera, al menos en ese momento, hemos perdido contacto con nuestros valores. Así que a lo que urge que prestes atención es a retomar el contacto con tus valores y tu motivación respecto a estos. Tal es la razón por la que la culpa es tan mala para ti. Amarrarte en su nudo evita que tengas cualquier tipo de perspectiva, así que evitas de forma activa regresar a tus valores. Hay varias maneras de retomar el contacto con tus valores. Podrías leer algo que te inspire. Podrías traer a tu mente a gente que te inspire. Podrías recordarte tu motivación, para contribuir a traer más positividad a este mundo de sufrimiento. Algunas personas gustan de finalizar su confesión con el regocijo en algo positivo que hayan hecho. Podrías reflexionar que la propia confesión es una acción positiva. Recuerdo haber confesado algo muy pesado en un diario para comunicación personal que tenemos en nuestra orden. Unos días después recibí una postal desde Bali de un miembro de la orden que casi no conocía, diciendo: 'Mientras escribo esto va pasando una mujer vistiendo un sari de seda hermoso. Sin embargo, tu confesión es aún más hermosa que ese sari de seda'. Podrías reflexionar que el progreso es posible para todos los seres humanos, incluyéndote. La reflexión, más adelante, te llevará a algunas etapas de confesión.

Recientemente, alguien en una clase de budismo preguntó si existía algún valor en la penitencia. Creo que se debe ser muy cuidadoso con este tema. Si utilizaste la noción de penitencia inteligentemente con el fin de tener más disciplina en tu vida o para reinspirarte, entonces esta puede ser positiva. Me imagino que ese era el significado original de recibir una decena del rosario (una serie de diez oraciones) o algunas otras oraciones como penitencia en la confesión católica, pero si la penitencia deriva en el castigo, un tipo de terapia de aversión, es muy difícil que esto tenga un valor espiritual. Si simplemente intentas autointimidarte para volverte más hábil, tu conciencia no se modificará genuinamente. De hecho, no va a hacer que tú te vuelvas más hábil en el verdadero sentido de la palabra, es decir, no te ayudará a desarrollar el sutil arte de cultivar intenciones internas adecuadas.[86] Estarás en peligro de sumergirte en una suerte de conteo espiritual de calorías, un ciclo en el que no importa qué ocurre primero: fui al gimnasio ayer así que puedo comerme una *pizza* hoy; he meditado todos los días durante una semana, así que puedo emborracharme esta noche.

Reflexión:
Reconocer el arrepentimiento

Siéntate en silencio, cierra los ojos y dedica un minuto a reflexionar sobre cada uno de los cinco preceptos, preguntándote: en las últimas 24 horas, ¿he tenido algún remordimiento que involucre...

---

[86] 'La puya de las tres etapas', en *Puya: The Triratna Book of Buddhist Devotional Texts*, Windhorse Publications, Cambridge 2012, p. 34.

- ¿Dañar a un ser vivo?
- ¿Tomar lo que no me fue dado libremente?
- ¿Causar daño en el ámbito sexual?
- ¿Hablar con falsedad?
- ¿Tomar sustancias intoxicantes?

Si no tienes remordimientos, eso significa que estás experimentando un estado mental positivo, libre de remordimientos, así que puedes continuar sentado en silencio durante cinco minutos disfrutándolo y dejando que esto se profundice de manera natural.

Si sientes arrepentimiento, eso significa que estás experimentando el estado mental positivo de *hrī*. Si lo deseas, puedes escribir esos remordimientos, considerar si existe forma alguna de enmendarlos y luego desechar los arrepentimientos a modo de ritual, prendiendo fuego al papel (si es posible) o rompiéndolo en pequeños pedacitos.

Luego, en cualquiera de los casos encuentra la forma de conectar o reconectar con tu inspiración. Una forma simple de hacerlo es repetir estas líneas:

> *El Buda nació del mismo modo que nosotros nacimos; lo que el Buda superó nosotros podemos superarlo; lo que el Buda alcanzó nosotros podemos alcanzarlo también.*[87]

---

[87] Ver Sangharákshita, *The Inconceivable Emancipation*, p. 75.

Esto no quiere decir que no puedas sentir un temor saludable hacia las consecuencias de tus actos. Recuerdo un día en que estaba sentada en meditación, con mis habituales pensamientos irascibles tomando impulso en mi mente. De pronto me pregunté: '¿Cuáles serían las consecuencias de dejar que estos pensamientos irascibles se alimenten unos a otros y tomen impulso para el resto de mi vida?'. Tuve una visión instantánea de mí misma como una anciana marchita y mal humorada, sin amigos. Fue lo suficientemente aterrador como para sacarme de golpe del terrible ciclo irascible, al menos durante esa meditación. Pude ver que muy probablemente esa sería la consecuencia natural. No es que alguien estaría asignándome un castigo. No hay juicio cósmico ni la necesidad de tener uno. En justa correspondencia nadie, ni siquiera un buda, puede absolverte de los efectos de tus acciones. Si llevas mucho tiempo siendo mal humorado y crítico, la gente se sentirá un poco nerviosa cuando esté contigo. Aun si te reformaras completamente, a los demás les llevaría un tiempo 'actualizarse'. No confiarán completamente en ti de golpe. Eso sería tu karma desarrollándose por sí solo. Hay una pequeña consecuencia conmovedora en la historia de Angulimala, el asesino que conocimos en el capítulo 3. Aún después de que Angulimala se convirtió en discípulo del Buda, los aldeanos seguían lanzándole piedras. La respuesta del Buda fue, 'Sopórtalo, hermano, sopórtalo'. En otras palabras, si Angulimala aprendía a no reaccionar de un modo torpe a esa provocación posterior, las consecuencias negativas de sus acciones homicidas evolucionarían por sí solas. El hecho de que ahora era un discípulo del Buda, abierto a la influencia positiva del Buda, podría incluso decirse que abierto a la gracia del Buda, no significaba que podía ver esas consecuencias positivas en perspectiva, y por lo tanto, tolerarlas fácilmente.

Hasta ahora he hablado del *hrī* que surge por las acciones que estás realizando en el presente, por decirlo de algún modo, pero a veces, a medida que te vuelves más sensible éticamente, puedes experimentar un fuerte sentido de remordimiento por cosas del pasado. Esto puede llegar a ser muy poderoso e incluso parecería contradecir las enseñanzas del Buda, las cuales sugieren que cuanto más practique la ética y la atención, más 'felicidad te seguirá'. Mi amigo Canute, a quien conocimos en la introducción y el capítulo 1, renunció al mundo de los clubes nocturnos, la bebida, y las peleas, pero a medida que practicaba la meditación y la ética, los remordimientos empezaron a causarle un profundo conflicto durante la noche, cuando trataba de dormir. Si lograba dormir, tenía sueños terribles. Otro joven se acercó a mi bastante angustiado en un retiro. Había estado practicando una meditación en la que traes a la mente a varias personas y cultivas la buena voluntad hacia ellas.[88] Se sentía angustiado porque, a quien quiera que traía a su mente, solo podía pensar en las formas en las que podía lastimar a esa persona.

---

[88] Esta práctica de meditación se llama *mettā bhāvana* o 'desarrollo de amor universal'.

La experiencia del remordimiento por acciones pasadas será dolorosa, así que es importante recordar que es positiva. A medida que tu estado mental se vuelve más claro y brillante (esto puede ocurrir particularmente durante un retiro) las cosas torpes del pasado se manifestarán más claramente. Visto de otro modo, es como si hubieras creado una reserva de positividad lo suficientemente grande y lo suficientemente profunda como para enfrentar la torpeza pasada sin sentirte completamente abrumado por ella. Si tienes estas experiencias y quieres confesarlas, una vez más esto ayudaría a que las dejes ir y avances. Solamente ten cuidado en elegir el tiempo el lugar y a la persona, asegurándote de que ella esté dispuesta y en el espacio correcto para escucharte. Dicho esto, puede ser un enorme alivio confesar estas cosas. Será como deshacerte de una pesada carga para poder al fin sentirte más ligero y libre.

EL PERDÓN

La disculpa y la confesión son prácticas positivamente aleccionadoras. Involucran la 'dimisión' de tu idea de ti mismo y por lo general hay también una batalla interna. Muere lo que eres, de modo que estás libre para convertirte en lo que realmente puedes ser. Esto es lo que el budismo llama la práctica de la 'muerte espiritual'.

Estrechamente relacionada con la disculpa y la confesión se encuentra la práctica del perdón. Esta también es una práctica de 'muerte espiritual', porque debes dejar ir tu postura fija con respecto a los sucesos.

Recuerdo un programa de televisión que vi siendo adolescente. Era una serie de entrevistas a familias a quienes les habían ocurrido cosas terribles: una hija violada y asesinada; un hijo muerto por un conductor fugitivo. La mitad de las familias había perdonado y la otra mitad no. Los que no lo habían hecho se preguntaban por qué debían perdonar. Mantenían una postura de que no había razón alguna para perdonar. Por el contrario, tenían todas las justificaciones del mundo para aferrarse a su resentimiento y pude comprender cuál era su motivo. Desde el punto de vista de la ´justicia', el perdón es inaceptable, pero luego observé a las familias que habían perdonado. Aunque mostraban dolor y tristeza en sus rostros parecían más erguidos, parecían ocupar más espacio, parecían gente con la que podrías conectar si los conocieras. En contraste, aquéllos que no habían perdonado parecían agostados, más pequeños, resentidos con el mundo y con todos los que lo habitan. Podías sentir pena por ellos, pero no podrías imaginarte conectando con ellos. Esas imágenes dejaron una fuerte impresión en mí y me convencieron del poder del perdón.

Aun así no es fácil. Recientemente dirigí un seminario sobre el perdón y la disculpa en el centro budista. Pregunté por qué perdonar. Algunas personas dijeron que aferrarse al resentimiento es doloroso y consume una enorme cantidad de energía. Otros dijeron que no perdonar crea un mundo de hostilidad psicológica. Una mujer dijo, con voz baja, que no perdonar es una fuente de remordimiento cuando la otra persona muere. Alguien más citó la frase que dice que buscar venganza es como tratar de dañar a alguien tomándote tú el veneno. Alguien más comentó que no perdonar nos mantiene atascados en el pasado. Finalmente un hombre dijo: 'Es placentero no perdonar. Te brinda un sentimiento de superioridad. Creas una historia en la que tú eres el bueno y ellos son los malos, y renunciar a eso es algo terrible'. Lo admiré por su honestidad y pensé: 'Ese es el meollo del asunto'. Cuando perdonas estás dejando de lado la posibilidad de vengarte, de 'desquitarte'. Estás renunciando a una parte de ti, de tu identidad. Ésa es la razón por la que cuando perdonas estás participando de la muerte espiritual.

Mas no puedes y no debes forzarte a hacerlo. Es un proceso. Una amiga mía sufrió de abuso sexual siendo muy joven y recobró algunos recuerdos de este episodio cuando empezó a meditar.[89] Al principio sintió y hasta cultivó enojo y culpa, diciéndose que esta era la manera de sentirse poderosa de nuevo, pero poco a poco le quedó claro que esa estrategia solo estaba haciendo que se sintiera peor, así que decidió sumergirse en el proceso del perdón. Ella recalca que se trató de un proceso y no de una acción de golpe. Enfatiza que no fue como si se sintiera curada y completa de nuevo, y entonces pudiera soltar el enojo y la culpa. Al contrario, se dio cuenta de que la única posibilidad de sanar era a través del perdón. A veces la gente dice que perdonará si la otra persona le ofrece una disculpa, pero si lo ves bien, lo que eso significa es que tu

---

[89] *'Healing perspective'*, Dharma Life 19, disponible en http: / /www. dharmalife.com/issie19/people.html, accedido el 26 de abril de 2013.

felicidad depende de las acciones de alguien más. Te estás respaldando potencialmente en un callejón sin salida.

Mi amiga reflexionó sobre la enseñanza del Buda, y sobre el hecho de que hay demasiada aflicción y sufrimiento en cada uno de nosotros, provocados por nosotros mismos. Ninguno se escapa. Ella se dio cuenta de que definirse como víctima le había dado un sentido de identidad que anteriormente no había tenido y eso la hizo sentirse más fuerte, pero reparó en que el peligro de este enfoque es que podía llevarla a un círculo vicioso, en el cual para mantener ese sentido de identidad debía mantener vivos el enojo y el odio. A pesar de que aún siente el dolor de lo que ocurrió ya no desea culpar a nadie. Dice que en lo más profundo de su corazón sabe que aferrarse al resentimiento implica aferrarse a su propio dolor.

A pesar de que perdonar se siente como renunciar a algo, de hecho, normalmente la persona más fuerte y positiva es la que perdona. El verdadero perdón (a diferencia de retroceder con resentimiento) es un acto creativo y generador. Ello no necesariamente significa olvidar (aunque no necesitas aferrarte a cada pequeño detalle) y puede, incluso, ser apropiado decirle a alguien los efectos de sus acciones. Recuerdo haberme disculpado con el director del centro budista por perder los estribos en una junta. Él me perdonó de inmediato (de hecho, estoy segura que ya lo había hecho desde antes), pero me dijo que sí había un impacto: "ese modo tuyo de actuar hace mi trabajo más difícil'. Debo decir que me sentí como un gusano. Me había colocado un espejo, por así decirlo, frente a mis acciones. Al mismo tiempo, no sentí ningún resentimiento de su parte, solo buena voluntad y afecto.

Aunque alguien haya sido torpe puedes dejarle saber el efecto de su acción, pero no es asunto tuyo infligir un castigo, ya sea a modo de indignación moralista, quejándote con otros sobre su conducta o retirándole tu buena voluntad.

Sabiendo que bajo le ley natural del karma alguien que ha sido torpe sufrirá consecuencias dolorosas, un Buda sentiría únicamente compasión hacia ese ser. En un sentido similar, no puedes insistir en que alguien más te perdone. Cada uno necesita tomar esa decisión por sí mismo. De nuevo, si el Buda se encontrara con alguien que no puede perdonar reconocería eso como algo doloroso en sí y sentiría compasión.

Finalmente, al igual que perdonar a otros, puedes practicar perdonarte a ti mismo. Puedes practicar perdonarte por no ser perfecto. Puedes practicar perdonarte por no vivir a la altura de tus ideales, todo el tiempo, a la vez que te esfuerzas por vivir a la altura de tus ideales.[90] Si has de progresar hacia tus ideales tu preocupación necesita ir más allá de tus fallas. Este aspecto es el que exploraremos en el capítulo 7.

---

[90] Ratnaghosha, 'The Helpful Enemy', en *Kshānti*, cuadernillo impreso por el centro budista de Londres, 1997, p. 24.

Sugerencia de práctica:
La disculpa

La próxima vez que hagas algo que lastime u ofenda a alguien más pídele una disculpa sin reservas. Recuerda observar los preceptos del habla. Sé sensible y elige tu tiempo y lugar. Luego simplemente di 'lamento haber....', sin hacer ningún tipo de calificación o excusa y sin esperar una respuesta en particular.

Después tómate un tiempo para reflexionar sobre la experiencia.

- ¿Cómo te sentiste al pedir la disculpa?
- ¿Cómo te sentiste con relación a la otra persona?

CAPÍTULO SIETE

RENACER

 Reflexión:
Sentarse con el Buda

Siéntate cómodamente en una posición recta y erguida, con los ojos cerrados. Conecta con la sensación del peso de tu cuerpo cayendo hacia el suelo y hacia los cojines o la silla.

Ahora sintoniza con el flujo natural de tu respiración, solamente siguiéndola con tu atención.

Imagina que estás sentado en presencia del Buda, quien también está sentado sin moverse y meditando. Permite que la sensación de la presencia del Buda se afiance y profundice. Podrías reflexionar que el Buda enseñó y practicó esta atención plena a la respiración.

Continúa sentado, consciente de tu respiración y consciente de la presencia del Buda por cinco minutos (o más si lo deseas).

Luego relaja tus esfuerzos imaginativos, pero permanece quieto durante aproximadamente un minuto, para absorber los efectos de la meditación.

Al final del capítulo 6 vimos que para que progreses hacia tus ideales tu preocupación necesita ir más allá de tus fallas. El primer paso es conectar de nuevo con aquellos ideales.

Para un budista, conectar o reconectar con su inspiración en el sentido más profundo implica conectar con el hecho de que la iluminación es una posibilidad humana. Es posible para ti y está representada por el Buda. Todas las enseñanzas del Buda están tratando de comunicar lo que él experimentó, lo que él fue. El budismo está incentivándonos, instándonos incluso, a escuchar esta presencia del Buda que fluye con las enseñanzas.

De modo que es importante intentar profundizar en nuestro sentido de quién fue el Buda e, incluso, de quién es el Buda, lo más que podamos. Cuando le pregunto a la gente en alguno de nuestros cursos introductorios de budismo lo que saben del buda histórico por lo general algunos responden que el Buda nació en el norte de la India, pero el punto clave que siempre trato de recalcar no es la ubicación particular de su nacimiento. Lo que quiero realzar es que el Buda nació. El hecho de que el Buda nació como un ser humano común y corriente tiene implicaciones profundas para nosotros, seres humanos comunes y corrientes. Significa que podemos superar lo que el Buda superó. Significa que podemos alcanzar lo que el Buda alcanzó.

LOS PRECEPTOS EN SU FORMA POSITIVA

Dado que está más allá de nuestra experiencia actual, es imposible imaginar en su plenitud lo que el Buda alcanzó.

A veces la gente ve a la iluminación como lo que 'queda' después de que se han abandonado todas las conductas negativas y los puntos de vista limitantes. Desde luego que es verdad que un ser iluminado ha abandonado todas las conductas negativas y los puntos de vista limitantes, pero hacer una lectura muy literal de esto puede sugerir que la iluminación estuvo ahí todo el tiempo, solamente esperando a ser descubierta, como ese billete de diez libras del que siempre creo haberme olvidado y luego lo redescubro en el bolsillo cuando saco mi abrigo de invierno cada noviembre. El problema de esta manera de pensar radica en que se pierde la naturaleza creativa de la iluminación. La práctica ética ofrece una manera directa de obtener un sentido de esta naturaleza esencialmente creativa, especialmente si pones más atención a los preceptos en su forma afirmativa.

Al pensar en la ética, nuestro instinto es considerarla en términos de lo que no haremos. Cuando nos confesamos, por ejemplo, normalmente es con relación a algo que hemos hecho y que nos comprometimos a no hacer.

Desde luego que esto es importante. Es la base de la ética y, por lo tanto, la base de toda la práctica budista, pero si solamente piensas en esos términos acabarás con un enfoque más bien infértil.

En la introducción dije que la meditación puede llevarnos de manera muy natural a un examen de la situación existencial dentro de la cual nos encontramos. Una joven que vino a una de nuestras clases por primera vez hace poco tuvo una experiencia sencilla, pero fuerte al respecto. Yo había estado guiando una meditación llamada seguimiento de la respiración, en la cual simplemente regresas una y otra vez a las sensaciones de tu cuerpo respirando. Yo le indicaba a las personas que cada vez que encontraran que su mente se había 'ido' regresaran a esas sensaciones. Me percaté de que esta mujer en particular se veía muy sacudida al final de la meditación, así que me complació mucho que cuando pregunté a la clase cómo les había ido ella levantara la mano. Expresó que conforme, iba practicando el dejar ir los trenes de pensamiento familiares para ella, detonados por el deseo de poseer algo o hacer que algo se detuviera, repentinamente pensó: '¿Quién sería yo si no anduviera por estos caminos conocidos? Ya no me reconocería a mí misma'. En otra ocasión, una persona al escuchar que el Buda no experimentaba enojo espetó: 'Entonces, ¿qué sentía?'. Puede resultar difícil imaginar estar libre de enojo, odio y avidez. Nos referimos a estos como 'defectos humanos' y quizá incluso sintamos que los extrañaríamos y seríamos personas 'incompletas' si ya no existieran. Recuerdo que hace unos años estaba luchando fuertemente con una animadversión. Intenté todo lo que se me ocurría para trabajar con eso: meditación, confesión, reflexionar sobre el efecto negativo que estaba teniendo en los demás. Nada de esto parecía ser suficiente para cambiarlo. Entonces un día, de pie junto a mi ventana, caí en la cuenta de que me había definido a mí misma tan profundamente por el estado de indignación y enojo permanentes que no sabría quién sería yo sin ellos. Sentí que tan solo sería un hilillo de humo, una criatura parecida a un espectro, sin carne ni sangre, simplemente vagando por el aire, lo cual no me resultaba particularmente atractivo.

Así que si estamos practicando la ética necesitamos algo que nos atraiga. Necesitamos sentir que nos estamos moviendo hacia algo positivo. Gampopa, budista tibetano que vivió en el siglo XI, compara la ética con un campo.[91] Obviamente, un campo es fértil, se pueden sembrar semillas en él y se pueden recoger cosechas. Comparar la ética con un campo equivale a decir que la práctica de la ética es esencialmente productiva y creativa. Te lleva a mucho más. Podemos apreciar esto claramente cuando vemos las formulaciones afirmativas de los preceptos. No hay un límite en la cantidad de amor, generosidad o conciencia que puedes expresar. Desde luego, practicar los preceptos de forma positiva requiere más habilidad e imaginación que abstenerse de la torpeza, pero si quieres entender lo que es la iluminación y quién es el Buda los que realmente necesitan tu atención son los preceptos positivos. Se podría decir que los preceptos positivos son los verdaderos preceptos. Es practicándolos y volviéndote más hábil como conocerás al buda, puesto que tú mismo te conviertes más en un Buda. En otras palabras, escuchar la presencia del Buda no es algo pasivo. Tu entendimiento del Buda se hará más profundo cuanto más intentes ser como el Buda. Al final es únicamente convirtiéndose en un buda como puedes conocer al Buda y encontrarte con él, pero el solo intento de hacerlo te cambiará y te acercará más.

---

[91] Gampopa, *The Jewel Ornament of Liberation,* traducido y comentado por Herbert V. Guenther, Rider and Company, Londres 1970, p. 164.

Sangharákshita tiene una encantadora analogía para esto. La analogía empieza con un poeta escribiendo un poema. El poema fluye del poeta como una expresión de su inspiración. Nosotros nos acercamos, no tan inspirados y leemos el poema. Entonces nos elevamos, nos inspiramos, nos acercamos al estado mental del poeta.[92] Recuerdo un ejemplo en particular de esto en mi propia vida. Estaba cansada después de un día de trabajo y fui a casa de una amiga. 'Siéntate en estos cojines y relájate', me dijo. 'Voy a preparar la cena y mientras tanto puedes escuchar este CD'. El CD era de Ted Hughes leyendo los *Cuentos* de Ovidio. Pronto no pude permanecer recostada. El poder de la poesía y su voz, que parecía expresar que el poeta conocía las alturas y profundidades de los dioses, las diosas y los mortales que habitaban el mundo antiguo, me obligaron a incorporarme rápidamente. Estaba paralizada y recuerdo que regresé a casa en mi bicicleta por los canales de Dublín en la noche, con la gloriosa sensación de que el mundo entero se había convertido en un poema. En la analogía de Sangharákshita el Buda es como el poeta y sus acciones son el poema. Puedes no estar iluminado como el Buda, pero si actúas de la forma en que él lo hacía, estarás 'leyendo el poema', por así decirlo y te elevarás más cerca del reino del Buda. Podría decirse que renacerás en reinos más cercanos al del Buda.

---

[92]. Sangharákshita, *A Survey of Buddhism*, Tharpa Publications, Londres 1987, p. 167.

El potencial para la elevación, la transformación y el renacimiento se expresa en el poema *El nuevo potrillo*[93] del propio Ted Hughes. Empieza como cualquier poema sobre la naturaleza. Un potrillo nace.

Ayer no se encontraba en ningún lado,
en los cielos o bajo los cielos.
De pronto está aquí.

El poema continúa y describe al potrillo encontrando su camino, poniéndose de pie, conectando con su madre y comenzando a experimentar sensaciones físicas. Se nos dice que:

Casi es ya un caballo.

Hasta este punto estamos involucrados en lo que está ocurriendo dentro del mundo natural, en el tiempo, en el mundo de los sentidos, pero en las siguientes líneas el poema se mueve hacia una nueva dimensión:

Él solo quiere ser Caballo,
intentando ser cada día más y más Caballo,
hasta ser perfecto Caballo.

---

[93] Ted Hughes, 'New Foal', en *Ted Hughes: Poems selected by Simon Armitage*, Faber and Faber, Londres 2000, p. 83.

Ahora, 'Caballo' se escribe con mayúscula y se elimina el artículo 'un' para mostrar que ya no estamos escuchando sobre 'un caballo' en tiempo y espacio, sino sobre Caballo arquetípico, Caballo ideal. Ahora el potrillo quiere solamente ser Caballo. Esa es la totalidad de su deseo. Es todo lo que anhela. Esto me recuerda la visión que tuvo el Buda tras su iluminación. Vio a toda la humanidad como lotos en un estanque gigante. La mayoría estaban abajo en el fango, pero había por aquí y por allá algunos que estaban por encima e incluso algunos estaban completamente abiertos. El Buda vio que toda la conciencia humana contiene dentro de sí misma las semillas de su propia trascendencia. Además, vio que nunca estaremos totalmente satisfechos hasta que alcancemos nuestro más alto potencial. Esto no quiere decir que no haya nada placentero o satisfactorio en la vida, sino que hasta que no se alcance la iluminación siempre tendremos ese sentimiento de que 'hay algo más que puedo ser', tal como en el poema el potrillo sabe que tiene el potencial de ser no solamente 'un caballo', sino de ser Caballo y no se sentirá totalmente satisfecho hasta que haya realizado ese potencial.

El potrillo se acerca a ser Caballo 'pretendiendo ser cada día más y más Caballo'. Obviamente, a veces usamos la palabra 'pretender' para aludir a algo como 'actuar', incluso actuar de una manera que es hipócrita, pero no creo que eso sea lo que se quiere decir aquí. 'Pretender' también significa 'estirarse o intentar alcanzar algo; dirigir nuestro propio curso'.[94] Esto es lo que el potrillo está haciendo. Él dirige su curso hacia ser Caballo. El potrillo lo hace cada día. No es una simple intención. Es un esfuerzo continuo, paciente pero persistente, exactamente del mismo modo que la práctica de los preceptos positivos es un esfuerzo continuo, paciente y persistente.

El potrillo hace este esfuerzo, hasta ser 'perfecto Caballo'. La noción de perfección es interesante. Hablamos del Buda como 'la perfección de lo humano', pero eso no significa que el Buda haya alcanzado una especie de punto final. De hecho, para que algo sea perfecto necesita llegar más allá de sí mismo. Tiene que trascender constantemente. Debe renacer continuamente. Esto quiere decir que no existe cosa tal como la perfección. Se podría incluso decir, paradójicamente, que para que algo sea perfecto debe ser imperfecto.

CREATIVIDAD CONSTANTE

Mientras que no podemos decir realmente que haya espacio para mejoría en un Buda, siempre habrá espacio para una mayor expresión. La iluminación no es algo que tienes, como un billete de diez libras en tu bolsillo o incluso una joya dentro de ti. Esa es una forma demasiado estática de verla.

---

[94] *Oxford English Dictionary*, disponible con suscripción en http://www.oed.com/, accedido el 26 de abril de 2013.

La iluminación es una forma de ser. Es esencialmente receptiva. En el capítulo 3 descubrimos cómo el buda histórico se encontró con Kisagotami en duelo y en negación por su bebé muerto y cómo le ofreció una respuesta particular. Sin embargo, si se hubiera encontrado con alguien más en una condición muy distinta habría ofrecido una respuesta muy diferente. Sabemos de cierto que habría sido una respuesta compasiva, completamente purificada del apego a sí mismo, pero esa respuesta compasiva podría haber tomado diversas formas.

Tenemos ejemplos en las historias de la vida del Buda, pero estos solamente ilustran los principios mismos que en sí son infinitamente aplicables. Podemos estar seguros de que decirle que fuera a buscar una semilla de mostaza no era su respuesta de cajón para cada ocasión en su larga vida, cada vez que se encontraba con una madre en duelo. Más que nada, esta historia ilustra que el Buda tenía recursos disponibles: más imaginación, más conciencia de Kisagotami, más conciencia de lo que podía ayudarle realmente. Está cualidad esencial de reacción es la razón por la cual los debates hipotéticos sobre escenarios de 'dilemas éticos' imaginarios no valen realmente la pena. De hecho, probablemente pierdan la perspectiva. Picasso escribió:

Hay pintores que transforman el sol en una mancha amarilla,
pero hay otros que, gracias a su arte e inteligencia, transfor-
man la mancha amarilla en el sol.[95]

Si te acercas al budismo buscando respuestas de bolsillo
y no estás preparado para utilizar tu imaginación, estarás convirtiendo al sol en una 'mancha amarilla', pero si
desarrollas tu inteligencia, tu arte y tu habilidad al practicar los preceptos, especialmente los positivos, transfor-
marás las manchas amarillas de tus acciones en el sol.
Dicho de forma más coloquial, lo mejor que puedes hacer es entrenarte tan inteligentemente como sea posible
en los preceptos y esto volverá más ágiles a tu mente y
a tu corazón, por lo que tendrás una mayor oportunidad
de hacer lo que es mejor en cualquier momento y en
cualquier situación.

La iluminación es un estado de constante creatividad.
No es un punto final. Solo es el punto más lejano en el
horizonte de nuestra imaginación. En términos de tu
propia vida ética, el budismo dice que esta siempre tiene
que estar apuntando más allá de sí misma. El proceso
total siempre está sin terminar. Los poetas son muy conscientes de esto. Aquí vemos a Norman MacCaig descri-
biendo una tarde de Julio:

Algo se ha completado.
Ese todo es parte de
algo que continuará

---

[95] Disponible en http://www.thinkexist.com, accedido el 15 de abril de 2013.

siendo eternamente completado.

Tomas Tranströmer, sobre ser humano dice:

No te avergüences de ser un ser humano, ¡siéntete orgulloso!
Dentro de ti se abre una bóveda tras otra sin parar.
Nunca estarás completo y así es como debe ser.[96]

Los preceptos positivos son infinitos en su alcance y me gusta pensar que al practicarlos estamos tratando de convertir nuestras vidas en obras de arte, en algo hermoso. A menudo pienso que, de hecho, sería mucho mejor pensar en términos de actuar bellamente o crear belleza en lugar de 'ser ético'.

Este enfoque es, en esencia, diferente del enfoque de 'lista de control' hacia la vida, en el que vas cada día, cada semana y tu vida entera con una actitud de 'listo, ya lo hice', mientras tachas cada tarea de tu lista. Eso muestra que, al practicar la vida espiritual, incluso la iluminación se expresará de manera diferente. Se manifestará de un modo distinto entre las diferentes personas. Hay una ilustración muy linda de esto en un texto budista de la era temprana, llamado el *Mahāgosinga Sutta.*[97] El *sutta* habla de una reunión entre seis de los

---

[96] Norman MacCaig, 'July evening', en *The Poems of Norman MacCaig*, publicado por Ewen McCaig, Polygon, Edimburgo 2005, p. 116.

[97] Tomas Tranströmer, 'Romanesque arches', traducción de Robert Bly, en *The Half Finished Heaven: The Best Poems of Tomas Tranströmer*, Gray Wolf Press, Minneapolis 2001.

discípulos del Buda en un bosque de árboles de sala para un discurso en la noche de luna llena. Uno de ellos, Sariputta, le pregunta a los otros uno por uno, '¿Qué tipo de monje iluminaría este bosque de árboles de sala?', Uno de ellos dice: 'Un monje que pueda transmitir las enseñanzas', Otro dice: 'Un monje que ame el aislamiento y la meditación'. Otro más dijo: 'Un monje con conciencia amplia'. Otro dijo: 'Un monje con pocos deseos'. Uno más dijo: 'Dos monjes que mantengan discusiones con significado'. Finalmente le preguntan al Buda, quien dice:

> *El monje que se siente con las piernas cruzadas, manteniendo su cuerpo erguido y la mente completamente atenta, que determine: 'hasta que mi mente se libere de los deseos, no cambiaré está postura', iluminará este bosque de árboles de sala.*

De este modo, cada discípulo y luego el Buda mismo describieron sus propias cualidades particulares. Cada uno es diferente, pero todos iluminan el bosque.

UNA VIDA BELLA

Enfatizar la belleza ayuda a contrarrestar la tendencia que tienen algunas personas (me temo que soy una de ellas) a utilizar su idea de la vida espiritual como una razón para complicarse la existencia. A veces hacen esto sin saber realmente que están haciéndolo o porque simplemente no pueden dejar de buscar el sufrimiento de algún tipo. Piensan que cualquier cosa placentera les demandará una compensación de algún modo, como a la arisca mujer de la pescadería escocesa en el poema de Alastair Reid en los años 50. Alguien la saluda exclamando sobre lo bonito que está el día:

> *¿Y qué tenía ella que decir sobre esto?*
> *Su ceño se tornó sombrío.*
> *Sus ancestros se enfurecieron en sus tumbas*
> *mientras dijo con su vieja miseria:*
> *'¡Lo pagaremos, lo pagaremos, lo pagaremos!'.*[98]

Sangharákshita habla de forma muy explícita respecto a este síndrome:

> *Si en tu intento por vivir una vida espiritual te vuelves ansioso, te haces la vida miserable e insistes en trabajar hasta extenuarte, está claro que algo ha ido mal.*[99]

Viniendo de esa tendencia, cuando me di cuenta por primera vez que abrirse a la belleza y tratar de manifestar más belleza podría ser parte de la práctica espiritual, me entusiasmé mucho, pero luego capté que había otro reto más. Esto va contra la veta de nuestra cultura, para em-

---

[98] *Mahāgosinga Sutta*, en el *Majjhima Nikāya: The Middle.- Length Discourses*, ed. John T. Bullitt, disponible en http://www.accesstoinsight. org/tipitaka/mn/index.html, accedido el 15 de abril de 2013.

[99] Alastair Reid, 'Scotland', en *Twentieth-Century Scottish Poetry*, publicado por Douglas Dumm, Polygon Books, Edimburgo.

pezar. En nuestra cultura moderna el cinismo parece ser más aceptable. Hay una razón más profunda también (que tal vez al cinismo le queda chica). Puede ser muy atemorizante abrirse a la belleza porque eso significa ir más allá de lo conocido y lo familiar. Significa ir hacia lo desconocido y a lo no familiar, lo que normalmente nos hace sentir incómodos. Hay una historia budista que me gusta y que ilustra esto. Una mujer va al mercado en el barrio vecino con su canasta llena de pescado para vender. Ella vende todas sus mercancías, pero se da cuenta de que es muy tarde para volver a casa en su barrio. Su amiga, la vendedora de flores, sale a su rescate y le dice que puede dormir en su tienda. Agradecida, la mujer se recuesta ahí dentro, pero por más que lo intentaba no podía dormir. El dulce olor de las flores la mantenía despierta. Solo había una cosa que hacer. Tomó la pestilente canasta de los pescados y se la puso en la cabeza. Con una especie de alivio se quedó al fin dormida.

Con frecuencia preferimos quedarnos en nuestra 'zona de confort', en los confines seguros de lo que conocemos, aun a pesar de que sabemos que está rancio y apestoso, en lugar de tomar el riesgo de entrar a nuevos ámbitos. Particularmente podemos suprimir nuestra propia positividad. Puedes sentir el deseo repentino de darle a alguien un regalo cuando ni siquiera es su cumpleaños, pero luego la racionalización empieza a hacer su efecto. Te dices a ti mismo: 'Creerán que quiero algo a cambio' o 'en nuestra familia no hacemos este tipo de cosas', hasta que termines pensando que 'era una idea tonta de todos modos'. De esta forma puedes fácilmente desaconsejarte tus propios impulsos creativos. Reprimir tu positividad de esta manera tendrá un efecto empobrecedor y puede deprimirte.

Si actuar de una forma bella es desafiante, ¿cuánto más lo será la noción de que nuestro ser y nuestros atributos sean 'simplemente bellos'? En la cultura británica una de las peores cosas que puedes hacer es 'resaltar' o 'sobresalir'. Pobre de ti si lo haces. Pronto escucharás el cuchicheo: '¿Quién se cree que es?'. Recientemente oí a una poeta muy conocida en una entrevista. Dijo que había empezado a escribir y luego a ser publicada relativamente tarde en su vida y que cuando comenzó se encontró con mucho apoyo. Ese apoyo duró hasta el momento en que (reconoció casi con remordimiento) sus libros empezaron a volverse éxitos de venta. Entonces la historia se volvió muy diferente. La gente parecía querer apoyarla mientras no se volviera más exitosa que ellos. Tengo un recuerdo muy lejano de mí misma que se relaciona con esta área. Todavía estaba en guardería, por lo que debo haber tenido unos cuatro años. Había vestido cuidadosamente a mi muñeca Susie con un largo atuendo blanco suelto. Mi idea era llevármela a la guardería para que otras niñas jugaran con ella. Todavía recuerdo mi emoción imaginando lo complacidas que las otras niñas estarían. Cuando Lesley Murphy, que tenía cuatro años y medio, vino a visitarme le mostré ansiosa a Susie con sus ropas elegantes. 'Tu muñeca es adorable', dijo Lesley con remilgo, 'pero no puedes llevarla a la guardería. Se pondrán celosas las demás niñas'. Me sentí devastada. Nunca en mi vida había escuchado la palabra 'celos'. Recuerdo que le pregunté a mi mamá y mi papá una y otra vez qué significaba eso, y cómo parecía que a ellos les resultaba imposible explicármelo, ya que yo nunca había experimentado esa emoción. A pesar de que no pude entender lo que significaba 'celos', sabía que yo había cometido una especie de error grave. Durante muchos años traté de asegurarme de que nunca volvería a hacer algo que hiciera a los demás sentir celos, para no meterme en serios aprietos por eso.

El enfoque budista es mucho más directo. Dice que si te preocupa que por dejar que tu propia belleza brille te encuentres en peligro de ponerte por encima de los demás o en riesgo de parecer engreído o presuntuoso, todo lo que necesitas hacer es mantenerte abierto y regocijarte en la belleza de los demás también. Lo que es más, ver lo positivo en los demás tenderá a hacer que esto brote, de modo que al relacionarte de este modo estarás creando un mundo más rico y abundante. Así que puedes decidir activamente practicar el regocijo en los otros, ya sea por la combinación de colores de su atuendo, por su paciencia durante una situación difícil, por la rica comida que prepararon o por su valor al expresarse contra una injusticia.

Más que nada, lo que creará belleza es la práctica de los preceptos budistas. Alguien que está practicando los preceptos positivos se volverá muy atractivo. Gampopa declara impetuosamente que estos serán 'la más hermosa ornamenta, el centro de todo gozo'.[100] Recuerdo haber escuchado a alguien decir que fue a ver a Dhardo rimpoche,

---

[100] Sangharákshita, *Living Ethically*, Windhorse Publications, Cambridge 2009, p. 126.

uno de los maestros de Sangharákshita, a quien él consideraba como un *bodhisattva* viviente, es decir, alguien practicando verdaderamente por el beneficio de todos los seres. Una amiga tomó fotos de ellos dos juntos y cuando después se las mostraron a ella se sorprendió. En el encuentro Dhardo rimpoche parecía vigoroso y resplandeciente. Ahora en las fotos se veía viejo y débil. Las fotos eran la verdad literal pero lo literal, no es necesariamente lo real.

Algo similar a esto podría haber pasado en el caso de los monjes del Buda. Después de que él murió los monjes habrán meditado sobre él, sobre sus cualidades y sobre las historias que recordaban. Entonces él habrá cobrado vida en sus mentes tal como era. Así habrán sintetizado una combinación de su amor, su devoción hacia él y sus cualidades y habrán surgido en su mente algunas imágenes transformadas del Buda, revelando la 'esencia' de la budeidad, quizá de una forma más cercana a lo que revelarían las historias sobre su vida histórica. Estas serían imágenes que personificarían el ilimitado potencial humano. En el ojo de sus mentes, en sus corazones, verían al Buda resplandecer tal vez como el oro, quizá sosteniendo un loto blanco, quizá con un millar de brazos, cada uno llevando algún implemento para ayudar a los seres vivos.

Sugerencia de práctica:
Actuar en lo positivo

La próxima vez que tengas un impulso generoso, por ejemplo, comprarle a alguien un regalo o una tarjeta, o donar dinero a la caridad, trata de actuar sin reservas (mientras que esto no te cause ningún daño, como podría ser adquirir una deuda por ello).

- Después tómate un tiempo para reflexionar sobre la experiencia.
- ¿Cómo te sentiste al actuar con base en tu impulso generoso?
- ¿Cómo te sentiste con relación al mundo en toda su extensión?
- ¿Continuarás esta práctica?
- De ser así, ¿por cuánto tiempo?

CAPÍTULO OCHO

MÁS ALLÁ DE LA BONDAD

Una amiga mía estuvo de retiro en las montañas españolas acampando cada noche sobre la tierra. La primera noche, recostada dentro de su pequeña tienda, en soledad, escuchando los sonidos que producían los animales rastreros fuera de la tienda, estaba tan asustada que no podía dormir. Cuando llegó la segunda noche sabía que tenía que hacer algo para remediar la situación. Sabía que necesitaba de toda su fuerza para la travesía que le esperaba, así que no podía darse el lujo de no dormir otra noche más. Cuando me dijo lo que hizo me dejó helada. ¡Desmontó la tienda y durmió a la intemperie! 'Estaba recostada dentro de la tienda, asustada, por lo que estaba afuera', dijo, 'así que quité la tienda y el interior y el exterior dejaron de existir'. En efecto, al liberarse de todo miedo, por lo que estaba afuera, a partir de ese momento pudo dormir profundamente. Lo que hizo fue muy atrevido, acertado y totalmente contrario al sentido común. Nuestro instinto, especialmente cuando nos sentimos amenazados, es fortalecer nuestros límites, o al menos intentarlo, pero para mi amiga la liberación del miedo provino de lo opuesto. Al desmontar la tienda, desmontó la noción de los límites por completo.

MÁS ALLÁ DEL AFERRAMIENTO AL YO

Esto nos da una idea de la manera en que el Buda vio que podemos liberarnos del sufrimiento. Lo que él entendió fue que todos nuestros problemas, miedo y sufrimiento, son causados por el aferramiento a la idea de un 'yo-aquí', fijo y separado, mientras que el resto del mundo está 'allá afuera'. Luego, tenemos el imperativo de tratar de proteger ese 'yo' y emplear la mayoría de nuestros recursos para hacerlo. El Buda se dio cuenta de que esta es una misión vana que, de hecho, se suma a nuestro sufrimiento. Se dio cuenta de que no existe un yo fijo separado al cual aferrarse. Así que, ante todo, es solamente dejando ir esa idea de un yo fijo y separado y, por lo tanto, la necesidad de protegerlo, que se encuentran la verdadera felicidad y la liberación. Necesitamos superarnos a nosotros mismos para poder ir más allá de nosotros.

Reflexión:
¿De quién es la voluntad?

Necesitarás papel y pluma.

Siéntate en silencio, cierra los ojos y dedica un minuto a cada una de las siguientes etapas.

- Trae a tu mente, lo más vívidamente posible, un momento reciente en que alguien te pidió que hicieras algo (tal vez un pequeño favor) y tu accediste deseoso.
- Sintoniza con la manera en que recordar esto te hace sentir físicamente.
- Sintoniza con la manera en que recordar esto te hace sentir sobre ti mismo.
- Sintoniza con la manera en que responder de la forma que lo hiciste afectó la manera en que te sentiste con relación a esa persona.
- Sintoniza con la manera en que imaginas que responder de la forma que lo hiciste afectó los sentimientos de esa persona con relación a ti.
- Abre los ojos y escribe tres o cuatro palabras sobre tu experiencia en cada una de estas etapas.

Así que podría decirse que uno vive una vida budista para trascender el aferramiento al yo. Sin embargo, esto trae consigo una paradoja. Estamos tratando de trascendernos a nosotros mismos, pero necesitamos hacer un esfuerzo tenaz para lograrlo. Existe el verdadero peligro de que nuestros esfuerzos espirituales, de hecho, profundicen nuestro aferramiento a nosotros mismos. A pesar de que nuestro aferramiento puede volverse más refinado, al mismo tiempo puede volverse más fuerte que nunca. Estamos en riesgo de convertirnos en la serba de otro poema de Norman MacCaig. La serba comienza diciendo,

mi racimo es el principal y yo
soy la serba más importante de este.

Aun sabiendo que será devorada y depositada por un zorzal se las ingenia para mantener su sentido de suficiencia intacto, no obstante, de una manera más sutil, imaginando crecer en un árbol lleno de frutos y convirtiéndose en 'algo estupendo, un ancestro'.[101] En otras palabras, podríamos haber reflexionado profundamente en las enseñanzas del Buda e incluso haber tenido algún tipo de entendimiento del hecho de que no somos un yo fijo y separado. El problema yace en que podemos volvernos orgullosos de ese entendimiento y, en este sentido, no estaríamos para nada libres del aferramiento al ego.

Para comenzar a explorar el camino más allá de esta aparente paradoja, intenta el ejercicio reflexivo anterior, '¿De quién es la voluntad?'. Te será especialmente útil para la exploración si realizas esta reflexión corta antes de continuar leyendo.

---

[101] Norman MacCaig, *'Rowan Berry'* en *The Poems of Norman MacCaig*, publicado por Ewen McCaig, Polygon, Edimburgo 2005, p 352.

El primer paso para trascender el aferramiento al yo es volverte cada vez más consciente de ti mismo como agente ético. Después, conforme resuenes más profundamente con otros, tenderás a actuar más desinteresadamente. Cada vez que hagas esto experimentarás una disminución de los límites entre ti mismo y las demás personas. Probablemente has tenido la experiencia de que alguien a quien aprecias mucho te pida hacer algo y tú respondas simplemente haciéndolo, incluso con gusto, deseoso, con placer. Si verdaderamente aprecias a la persona, puedes sentirte más que feliz de ayudarle. Podrías instarlo a pedirte ayuda y, de hecho, tener la intención de ayudarle. Si te preguntas en estos casos, ¿de quién es la voluntad que opera?, te darás cuenta de que no puedes decirlo con exactitud. No puedes decir que es totalmente suya porque tú lo estás haciendo gustosamente, pero no puedes decir que es completamente tuya porque te han pedido que lo hagas. Las voluntades de ambos se han fusionado y conforme esto ocurre la conciencia se expande y el sentido limitante del 'yo' se atenúa.

Puedes llevar esto un paso más allá al buscar de forma activa hacer la voluntad de otro, especialmente de alguien a quien admiras y consideras más sabio que tú mismo. Sangharákshita buscó deliberadamente hacer la voluntad de uno de sus propios maestros, Jagdish Kashyap, precisamente porque era consciente de este problema inherente a la vida espiritual. Es como superar la voluntad egoísta con la voluntad pura. Sangharákshita estaba convencido de que incluso la práctica de la meditación no sería suficiente para superar el impulso de la voluntad egoísta.

Necesitaba algo que fuera más drástico, a la vez que cabal, algo que pudiera practicarse de forma continua.[102] Practicó así, con relación a su maestro, de pequeñas maneras y finalmente, después de un viaje a Kalimpong juntos, Jagdish Kashyap decidió irse de retiro y le dijo: 'Quédate aquí y trabaja por el bien del budismo'. Sangharákshita hizo una reverencia en conformidad. En realidad surgieron todo tipo de cosas positivas a partir de esto, pero Sangharákshita no podía haberlo predicho en ese momento. No se sentía lo suficientemente experimentado como para trabajar por el budismo por sí solo y no estaba seguro del tipo de recepción que tendría, pero se había comprometido consigo mismo a hacer lo que su maestro le pidiera.[103] Obviamente esta no era una sumisión pasiva. Su 'obediencia' surgió de su receptividad hacia el maestro. Buscar hacer la voluntad de alguien sabio no es un asunto de dejar de lado tu propia inteligencia. Es más un asunto de soltar tu tendencia a desear que las cosas se hagan en tus propios términos. Es una práctica profundamente desafiante. Empezará a doler en cuanto alguien te pida hacer algo que tú en realidad no deseas hacer, o no hacer algo que realmente deseas hacer. Te encontrarás pensando: 'Sí, sé que dije que haría algo que me pediste hacer, ¡pero no sabía que me pedirías que hiciera eso!'

---

[102] Sangharákshita, *In the Sign of the Golden Wheel*, Windhorse Publications, Birmingham 1966, p. 449.

[103] Ibíd., p. 456.

Tan desafiante como esto puede ser, si realmente quieres liberarte del aferramiento al ego y así experimentar una ausencia total de miedo, necesitas ir completamente más allá de ti mismo. Para los budistas, esta dimensión se representa con el Buda, quien por sí mismo fue más allá de su aferramiento al yo. Puedes intentar imaginar al Buda, imaginar la mente del Buda, pero al final el Buda es más de lo que te imaginas. El científico J. B. S. Haldane dijo:

> *El Universo no solo es más extraño de lo que suponemos, sino más extraño de lo que podemos suponer.*[104]

Podríamos decir que la mente de un buda no es solamente más vasta de lo que suponemos, sino que es más vasta de lo que podemos suponer. Hemos estado explorando, tratando de descubrir quién es el Buda, intentando ser como el Buda. Hemos hablado sobre abrirnos a algo que experimentamos de forma continua más allá de nosotros mismos, pero debido a que el Buda es más de lo que podríamos imaginar algún día, para realmente tener un sentido del Buda necesitamos tener un sentido del Buda contactándonos a nosotros. Solamente esto nos permitirá mezclar nuestra voluntad con la del Buda, la voluntad de alcanzar la iluminación.

---

[104] Cita de J. B. S. Haldane, disponible en http://www.economist.com/node/922185/, accedido el 25 de abril de 2013.

Una vez más, no hay nada de pasivo en mezclar tu voluntad con la voluntad del Buda; confiar tu voluntad a la voluntad del Buda. Entregar tu voluntad a la del Buda significa que estás entregando tus propias necesidades y deseos limitados a la inmensa tarea de tratar de liberar a todos los seres del sufrimiento. Normalmente, el deseo más primario en la vida es preservarla. La práctica budista te está llevando a un punto en el que la voluntad de lograr la iluminación se vuelve cada vez más fuerte, incluso más primaria que esto. La voluntad hacia la iluminación entonces habrá de volverse la necesidad más fuerte dentro de ti y si estás deseando emprender este viaje, entonces lo que sucederá es que el Buda, por decirlo de algún modo, se inclinará y te ayudará. La realidad, por así decirlo, estará de tu lado y descubrirás que eres mucho más de lo que pensabas que eras. De hecho, si quieres ir más allá de ti mismo es primordial que sientas tu relación con el Buda, tanto activa como dinámica en el transcurso de este camino.

SER ELEVADO

A lo largo de este libro he estado diciendo que todas las enseñanzas budistas describen un proceso natural que puedes verificar por tu propia experiencia, por la experiencia del sabio. En esta sección quiero explorar la forma en que incluso la noción del Buda 'agachándose a ayudarnos' es parte de este proceso natural y no tanto la intrusión de algo 'sobrenatural' que deba tomarse como un artículo de fe. Exploraré esto revisando algunas analogías.

Todos sabemos los efectos positivos que tiene el que otras personas nos impulsen. Tuve la fortuna de presenciar en vivo los Juegos Paralímpicos de Londres en el 2012, durante la noche de la final de atletismo. Había una atmósfera increíble, con un entusiasta estadio repleto. Aquello culminó con los gritos desenfrenados que decían '¡Pea-cock! ¡Pea-cock!' mientras el corredor británico Jonathan Peacock tomaba posición en el taco de salida para la carrera de 100 metros, la misma que ganó en 10,9 segundos. Una y otra vez, no solamente esa noche, sino a lo largo de todos los Olímpicos y los Paralímpicos, los ganadores británicos decían: 'Fue la multitud. Yo no podría haberlo hecho sin su apoyo. Fue la multitud quien lo hizo'. Estaba impresionada ante el hecho de que no decían simplemente que era lindo tener a la multitud de su lado. Estaban diciendo que la multitud misma tuvo un papel crucial en el evento. Decían que no podrían haberlo hecho sin nosotros. Desde luego que nosotros, los espectadores, sabíamos que habían sido los atletas quienes lo habían hecho realmente, pero al mismo tiempo, desde mi propia y humilde experiencia al correr los 10 km de Cumbernauld, sabía muy bien a lo que se referían. Realmente parecería que la gente vitoreándote, en mi caso desde las paradas de autobús y las puertas de las casas, es lo que te hace continuar. A la vez que sabía que era yo quien de verdad estaba corriendo la carrera, definitivamente encontré reservas de fuerza y energía que no sabía que tenía, todo a partir de ese apoyo. Otros creían en mí, otros deseaban que continuara, así que yo creí en mí misma. Fue una experiencia muy tangible y algo muy común, pero lo que realmente ocurre en ese tipo de experiencia, si lo piensas, no es fácil de identificar. Una vez más hay una especie de mezcla de voluntades. Sí, me estaban vitoreando mientras yo jadeaba por la pista, pero para que esto tuviera un efecto tuve que permitirme recibir el apoyo, que me llevaran, que me elevaran.

Ahora quisiera explorar este fenómeno de permitirnos ser elevados con un ejemplo más sutil. Durante el proceso de escribir este libro he estado pensando en mi padre. De alguna manera el libro está dedicado a él. Mi padre murió hace diez años. Sé que él, debido a su origen humilde, estaría extremadamente orgulloso de que su hija escribiera un libro. No solo eso, sino que justo antes de morir empezó a interesarse en el budismo. De hecho, tenía el Dhammapada, las palabras del Buda, consigo en el hospital durante sus últimos días. Creo que se habría interesado en varias de las ideas, las cuales estoy haciendo mi mejor esfuerzo por expresar y pensar en eso me inspira a intentar expresarlas lo mejor que puedo. Una vez más, es una experiencia tangible, pero ¿qué significa eso? ¿Qué significa estar inspirado por alguien que está muerto? Obviamente él nunca va a ver, leer o siquiera saber de la existencia de este libro. ¿Qué significa siquiera utilizar ya la palabra 'él'? No me lo imagino en alguna nube sonriéndome con cariño y, aun así, la experiencia de sacar lo más refinado en mí debido a la noción de que se lo estoy dedicando contiene una verdad que parece ir más allá de lo literal. De nuevo, no es una experiencia ajena sentir como si recibiéramos apoyo, incluso consejo, de alguien que no se encuentra físicamente ahí, que incluso no está físicamente vivo. Hay una experiencia definida, pero no corresponde a 'algo' que podamos encontrar. Nuevamente, de acuerdo con el budismo, esto es verdad en toda experiencia. Hay experiencia, pero esta no corresponde a 'cosas' fijas que no cambian y, de acuerdo con el budismo, cuanto más profundamente sepamos esto, más entenderemos la verdadera naturaleza de la realidad. Podemos empezar el proceso de este conocimiento profundo reflexionando en que el mundo físico despierto, ese que tendemos a llamar el mundo 'real', no es la única realidad. También existe realidad en el mundo de los sueños, las meditaciones, la imaginación (o quizá es más preciso decir que todas estas palabras son tan 'reales' como 'irreales'). Al mismo tiempo, conectar con estos ámbitos no requiere que creamos en algún agente 'sobrenatural'. Es enteramente natural.

Podemos observar el proceso artístico para una mayor sutileza. Cada semana, algunos compañeros y yo traemos poemas para recibir la retroalimentación de nuestra maestra de poesía. Ella no mira tanto el poema que hemos escrito, sino el poema que nuestro poema está tratando de ser. Trata de enseñarnos a observar de este modo. Lo que ella ve en nuestros poemas puede parecer tan 'correcto' que se siente más como un despliegue mágico que como la clase magistral que en realidad es, pero no es que ella tenga poderes psíquicos místicos que siempre estarán más allá del resto de nosotros. 'Simplemente' está muy dotada en el arte de sintonizar con el poema, dejando que este le hable (por así decirlo) y escuchándolo. Ella está tratando de ayudarnos a aprender la forma de descubrir el poema 'real' que intenta emerger a través de nuestros esfuerzos de principiantes. Es difícil poner en palabras lo que eso significa. No es como si el 'verdadero poema' estuviera literalmente ahí afuera, en toda su plenitud, esperando ser atrapado como una mariposa. Sin embargo, cuando lo encontramos de verdad, bien podría parecerlo. Puede sentirse tan 'correcto' que es como si estuviera ahí esperando. Se siente como si el poema se fuese a dirigirse hacia ti por sí mismo, si puedes aprender a ser lo suficientemente sensible como para reconocerlo. En el poema 'Makings', Maitreyabandhu describe un fenómeno similar en la pintura. El 'creador' está pintando un cuadro de su padre y entonces:

> *Estabas ajustando*
> *la línea del mentón, muy ligeramente,*
> *con la punta de un pincel Filbert, cuando...*
> *¡Ahí estaba!*
> *Tu padre mirándote y sonriendo.*[105]

Puede ocurrir con cualquier cosa creativa que hagamos. Recientemente, arreglando un recinto budista, había acomodado flores, velas, telas. Se veía bien. Serviría a su propósito, pero no estaba realmente vivo. Entonces, en un momento de inspiración, puse unas naranjas en un tazón dorado y lo coloqué sobre el altar. De forma instantánea fue como si el altar cobrara vida y me mirara directamente, brillando y me dijera: 'Ahora sí, estoy completo'. Añadir

---

[105] Maytreyabandhu, 'Makings', en *The Bond*, Smith/Doorstop Books, Sheffield 2011, p. 11.

naranjas lo cambió todo. No era 'el antiguo recinto más unas naranjas'. De pronto, ahora era completamente nuevo. Mi único 'trabajo' fue estar receptiva a eso, sin imponer mi voluntad, sin echarlo a perder.

Le he dedicado un tiempo a estas analogías porque estoy segura de que, hasta cierto punto y de alguna manera, te resultarán familiares. Puede que sean solamente ecos vagos pero las experiencias que he tratado de evocar sobre ser atraído por algo que está aparentemente fuera de ti no son esencialmente diferentes a la experiencia que se sentirá como si el Buda se agachara hacia ti. No son diferentes en esencia a la experiencia que se sentirá como una fuerza que emerge dentro de la conciencia y que te lleva más allá del individualismo. Puedes practicar aprender a estar alerta a este fenómeno de ser atraído, ser elevado a todos los niveles y en el momento que lo experimentes puedes practicar el 'quitar estorbos' y permitir que lo misterioso poco a poco aparezca dentro de ti.

Podemos entender este material en términos de los *niyamas*, aquellas leyes naturales que gobiernan la relación que existe entre las condiciones y sus efectos, las cuales conocimos antes en el capítulo 1. Las primeras tres gobiernan a la materia inorgánica, la vida orgánica y la conciencia simple, incluyendo a los instintos. La cuarta es la ley del karma, la cual se refiere a que las consecuencias de una acción son acordes con el impulso volitivo detrás de ellas y mismas que, de una forma o de otra, han sido el tema central de este libro hasta ahora. En quinto lugar está la ley natural que significa que los seres humanos pueden convertirse en budas, *Dharma-niyama*. Los procesos del *Dharma-niyama*, entonces, son aquellos procesos condicionados que implican que los budas pueden surgir. Puedes ver que los procesos que gobiernan estas leyes están en orden ascendente de complejidad. Son las dos últimas series de procesos, aquellos gobernados por el *karma-niyama* y aquellos gobernados por el *Dharma-niyama*, las que son relevantes para la vida espiritual. De hecho, hacen posible la vida espiritual. Todas estas leyes son naturales. Son 'leyes de la naturaleza'. Hay unas líneas de un poema de Don Paterson que dicen así:

> *Pero la meta también atrae a nuestro objetivo,*
> *nuestra voluntad y la de la naturaleza son la misma.*
> *Somos su palabra viva y no*
> *un libro que esta escribió y luego olvidó.*[106]

Lo que está diciendo es que todo en la naturaleza, incluidos a nosotros mismos, tiene el impulso de trascenderse a sí mismo. No solo eso, sino que la meta también atrae a nuestro objetivo. A veces se sentirá como si estuviéramos siendo atraídos, como si nos estuvieran ayudando. Don Paterson es un científico materialista declarado, que cree que 'no hay nadie aquí más que nosotros', así que puedes estar seguro de que no está dando por sentado nada 'del otro mundo'. Una vez más voy a enfatizar que tampoco tenemos que hacerlo, aunque desde luego, la diferencia

---

[106] Don Paterson, 'The circle', en *Rain*, Faber and Faber, Londres 2009, p. 10.

significativa entre el punto de vista en el mundo budista y en el científico-materialista es que el budismo no limita este proceso de trascendencia al mundo material y, como vimos en el capítulo 5, los puntos de vista que tenemos condicionan la forma misma en que estos procesos se desarrollan dentro de nosotros.

KARMA-NIYAMA Y DHARMA-NIYAMA

Aunque todos los seres humanos tienen el potencial de volverse budas no todos lo logran. La iluminación no es un evento al azar ni tampoco se da por sentada. A pesar de que todo en la naturaleza tiene ese deseo de trascendencia, no siempre logra satisfacer con éxito ese deseo. De hecho, incluso el llamarle 'necesidad de trascender' sería otorgarle algo de grandiosidad. Recuerdo haber visto una tira cómica de una mujer haciendo compras. El texto decía: 'No sé lo que quiero, pero sé que no seré feliz hasta que lo tenga'. Esta es quizá una mejor descripción del estado en el que nos encontramos. El budismo no nos 'culpa' por estar en ese estado y no ofrece una 'primera causa' para ello. Simplemente nos describe las condiciones que nos llevarán del estado de insatisfacción al de satisfacción, realización y significado. La ley del karma quiere decir que si actúas de manera egoísta, es decir, que si intentas organizar la realidad para que se ajuste a ti mismo sin tomar en cuenta a los demás, tarde o temprano te toparás con la frustración. En la medida en que actúes en las formas que el budismo define como hábiles no tropezarás con ninguna traba, de modo que no te encontrarás con la frustración. El camino budista no es algo prescriptivo para cubrir nuestras vidas, como si fuera un traje hecho de restricciones. Más bien es una descripción de las condiciones que llevan a la realización. Todo lo que estás haciendo al seguir el sendero budista es cooperar con esas condiciones.

Si cooperas con las condiciones que llevan a la realización, no solo no te toparás con ninguna traba, sino que, de hecho, te sentirás 'inspirado'. Lo que hemos llamado los procesos del *Dharma-niyama* se sentirán como si vinieran desde algo más allá de tu voluntad individual. Se sentirán como algo que te está llevando hacia adelante y hacía arriba, siempre tomando en cuenta que estas nociones de 'voluntad individual' y 'más allá de la voluntad individual' son conceptos operativos provisionales. En nuestro estado no iluminado es imposible no pensar en las cosas como si existieran 'aquí dentro', es decir, dentro de nuestra mente o 'allá afuera' en el universo, pero el practicar continuamente el volvernos cada vez menos egoístas, al mismo tiempo que abrirnos intencionalmente a dimensiones más allá de la voluntad individual, a la larga hará que se rompan las nociones de que algo existe 'aquí dentro' o 'allá afuera'. Demostrarán que son igualmente verdaderas o falsas.

La figura 5 es un diagrama que me pareció útil para demostrar la manera en que los procesos del *Dharma-niyama* y *karma-niyama* se interrelacionan.[107] Imagina los

---

[107] Se utilizó una versión de este diagrama en una charla que dio Ratnadharini a miembros de la Orden Budista Triratna en 2010.

procesos de *karma-niyama* como algo ascendente, como un cohete espacial intentando dispararse a sí mismo; y los procesos del *Dharma-niyama* como algo descendente, como el campo de gravedad de un planeta lejano al cual el cohete está intentando llegar. Los procesos del *karma-niyama* empiezan a llegar lejos, por decirlo de una manera, cuando empezamos a actuar más hábilmente. La ley del karma dice que cuando hacemos esto, la conciencia surge de maneras cada vez más sutiles y refinadas y se expande más allá de la estrecha autorreferencia. El aferramiento al ego se debilita. Cuanto más se debilite la autorreferencia, más posibilidad existe de que comience un nuevo proceso; aquél de acuerdo con el *Dharma-niyama*, el cual está libre de la volición egoísta, es decir, que es independiente de la tendencia a intentar y, de hecho, organizar la realidad para que se adecue a nosotros. La figura 5 muestra cómo el progreso gobernado por el *Dharma-niyama* puede intuirse desde el inicio de nuestro viaje espiritual y, entonces, su influencia se vuelve más fuerte. Gradualmente empieza a tomar el control y luego se adueña por completo de la situación. Cuando esto ocurre los procesos del *Dharma-niyama* se desarrollan de forma espontánea, de maneras más ricas y más satisfactorias, suplantando cada vez más a la antigua voluntad autorreferenciada. Aún existe la motivación, pero surge cada vez menos a partir de la voluntad individual y no está sirviendo solamente a los intereses de esa individualidad.

Esta motivadora fuerza altruista se sentirá como una voluntad superior a ti mismo, que te lleva hacia adelante y hacia arriba. Si te alineas con ella y cooperas, finalmente todo lo que quedará será la actividad compasiva espontánea. No existirá más el 'yo'. No habrá ningún agente, de modo que el karma habrá trascendido completamente. Te volverás alguien 'sin rastro', como describe al Buda uno de sus epítetos. Otra forma de decirlo es que ya no tendrás que practicar la acción hábil. Lo que nosotros, los no iluminados, llamamos acción hábil o compasión es simplemente la expresión de un estado de la iluminación. Alguien que manifiesta sabiduría perfecta no tiene que intentar actuar amablemente o intentar hablar con la verdad. Esas acciones serán una expresión natural de esa realización. La compasión genuina no es algo sentimental. De hecho, ni siquiera es una emoción. Un ser iluminado vería una necesidad y simplemente respondería a esta. En cierto sentido, podríamos decir que un ser iluminado no tiene otra opción más que actuar y hablar de este modo.

La figura 5 también muestra el 'punto de no regreso'. Este se refiere al momento en que tu impulso espiritual ha alcanzado el punto en el que ya no hay recaída. Volviendo a la analogía del cohete, podría decirse que ahora te encuentras en un punto en el que el campo de gravedad del planeta lejano tiene más influencia sobre ti que el campo de gravedad de la Tierra. Espiritualmente hablando, es el punto en donde reconoces que el aferramiento al yo no tiene validez. A pesar de que aún no puedes frenarlo como tendencia habitual (esto ocurrirá en la iluminación total) ya no puede tirar de ti hacia atrás, ya no te domina. Ya no puedes basar tu vida en el egoísmo. Ya no puedes construir una vida basada en la torpeza. Es por eso que alguien que ha alcanzado este punto, aunque aún puede actuar torpemente de maneras sutiles, se confesará instantáneamente.

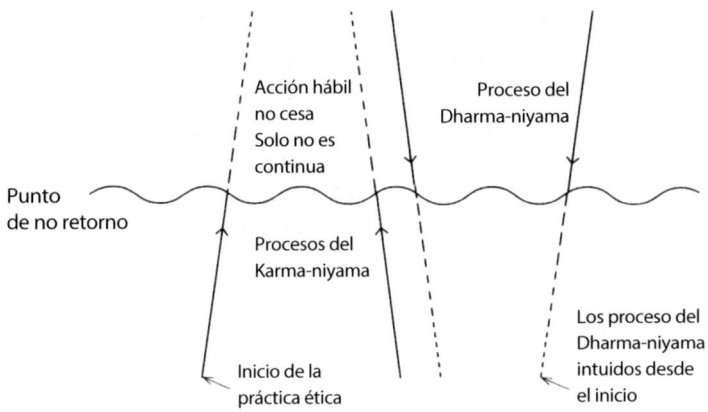

Fig. 5: Los procesos del Dharma-niyama y karma-niyama relacionados entre sí.

Es un punto decisivo en el que ahora eres inspirado por una convicción inquebrantable de que existe la experiencia más allá del aferramiento al yo. Este entendimiento ahora 'toma el lugar' de la práctica de asegurarte de que estás en las condiciones en las cuales puedes sostener tu práctica ética. Ninguna condición, no importa cuán difícil sea, puede anular tu convicción de nuevo.

Sangharákshita ha dicho que este 'punto de no regreso' en el que entras a la 'corriente del Dharma' o, mejor dicho, cuando esta entra en ti, es asequible para cualquier practicante serio en su vida. Al mismo tiempo, ha enfatizado que este nunca debe ser 'mi' logro. En otras palabras, necesitas tener cuidado de no estar tan enfocado en ello como si fuera una meta, de modo que niegues su posibilidad. Necesitas sentir que te estás involucrando en la vida espiritual, no solamente por ti mismo. De otro modo, probablemente sin darte cuenta, serás catapultado de regreso al aferramiento al ego. El espíritu de la autotrascendencia no puede estar completo sin el colectivo. Lo más sano es ponerte al servicio de crear una cultura en la que sea natural para todos crecer. De ese modo estarás renunciando a tu voluntad individual por algo más que tu voluntad individual y simplemente intentando crear las circunstancias en las cuales surja el espíritu de la autotrascendencia, sin importar en quién.

MÁS ALLÁ DEL BUDISMO

Es importante recordar que todo lo que dijimos sobre ser receptivo como un medio para ir más allá del aferramiento al ego, ya sea que lo llamemos budeidad, iluminación o procesos del *Dharma-niyama*, es una metáfora. Las palabras no pueden ir al paso de las realidades espirituales. De hecho, nuestras mentes mundanas no pueden llevar el paso de las realidades espirituales. Si tenemos la sensación de algo 'más allá', tenderemos a cosificarlo, lo cual, al solidificarse, lo contamina nuevamente con el aferramiento al ego, pero el budismo específicamente nos alienta, incluso nos instruye a no hacerlo. Nos impulsa a ser abiertos a la experiencia y estar abiertos al misterio de la misma. El budismo está tratando de señalarnos algo más allá del budismo.

Puesto que ya hemos ido prácticamente más allá de las palabras, más allá de lo literal, quisiera terminar regresando una vez más a la poesía. En el capítulo 7 dejamos al potrillo en el Poema de Ted Hughes:

intentando ser cada día más y más Caballo,
hasta ser perfecto Caballo.

Si no conoces el poema, es comprensible que pienses que éste termina aquí con el potrillo volviéndose 'perfecto Caballo'. Después de todo, ¿qué más resta por decir después de eso? Pero lo cierto es que este no es el final. El poema continúa así.

Entonces un Caballo sobrenatural
surgirá a través de él,
ingrávido, una rueca de fuego
bajo repentinas ráfagas.
Enroscará su ojo y su talón
en un solo terror, como el asombro
entre el rayo y el trueno.[108]

Es como si volverse 'perfecto Caballo' hubiera sido la preparación necesaria para algo que es de otra dimensión, para que el 'Caballo sobrenatural' descienda y transforme totalmente al potrillo. El hecho de que su ojo y su talón estén enroscados 'en un solo terror' muestra que esta experiencia es apabullante. Todo lo 'conocido' es incinerado, arrasado y se ingresa a un nuevo reino infinitamente más vasto.

---

[108] Ted Hughes, 'New Foal', en Ted Hughes: *Poems Selected by Simon Armitage*, Faber and Faber, Londres 2000, p. 83.

Para mí, este poema nos da una idea de lo que trata realmente nuestra práctica de la ética o de lo que puede tratar realmente si así lo queremos. En primer lugar, como resultado de la práctica hábil, tus sentimientos se amplificarán, se extenderán y se refinarán. Te volverás más vivo hacia las cosas. Tendrás cada vez más el deseo de dejar ir a tu antiguo yo y abrirte al nuevo. Incluso rendirte ante él. Te volverás más verdaderamente humano. Toda esta preparación significa que estarás listo para algo que experimentarás como una fuerza que viene de más allá de ti mismo y que, si te permites fluir con ella, te conducirá hacia una realización cada vez mayor.

Es un proceso completamente natural. La capacidad para la iluminación es parte de la forma en que son las cosas. De la misma manera en que las manzanas caen a la tierra los seres humanos pueden convertirse en Budas.

Reflexión:

Receptividad hacia el Buda

La última sugerencia de reflexión es un ejercicio de receptividad. Se trata de llevar la reflexión del capítulo 7 a una etapa más allá.

Siéntate cómodamente en una posición recta, con los ojos cerrados. Conecta con la sensación de tu peso cayendo hacia el suelo y hacia los cojines o la silla.

Ahora sintoniza con el flujo natural de tu respiración, únicamente siguiéndola con tu atención.

Imagina que estás sentado en presencia del Buda, quien también está sentado quieto y meditando. Permite que el sentido de la presencia del Buda permanezca y se profundice. Podrías reflexionar que el Buda enseñó y practicó esta atención consciente al respirar.

Continúa sentado, consciente de tu respiración y consciente de la presencia del Buda por cinco minutos (o más si lo deseas).

Ahora sintoniza con el efecto que tiene en *ti* el estar sentado en la presencia del Buda. ¿Hay alguna enseñanza para ti?

Luego relaja tus esfuerzos imaginativos, pero quédate quieto aún por otro minuto más aproximadamente, para absorber los efectos de la meditación.

Fig. 6: El Buda

PARA SABER MÁS

Retiros y cursos
La asistencia a un retiro o curso presencial es una forma muy adecuada de consolidar el aprendizaje y la práctica en condiciones de apoyo muy adecuadas. Son muchos los centros de retiros y de práctica distribuidos en muchos países que ofrecen un amplio abanico de posibilidades. Los lectores interesados encontrarán más información al respecto en internet. Los siguientes son solo algunos ejemplos:

En México:
Centro budista de la Ciudad de México:
www.budismo.org.mx
Centro budista de Cuernavaca:
www.budismocuernavaca.org
Centro budista de Toluca:
https://budismotoluca.com
Centro de retiros Chintámani:
http://www.chintamani.com.mx

En España:
Comunidad Budista Triratna de Valencia:
www.budismo-valencia.com
Comunidad Budista Triratna de Barcelona:
www.budismo-barcelona.com
Respira Vida Breathworks Internacional:
www.respiravida.net
(provee formación de profesor de *mindfulness* y cursos:
"*Mindfulness* para la salud – MBPM" online y presencial)

Bodhiyoga: *www.bodhiyoga.es*:
Yoga basado en el *mindfulness*

En Venezuela:

Centro budista de Mérida:
www.meditacion-merida.com

Recursos online:

Editorial Dharmamegha:
www.editorialdharmamegha.org
Libros electrónicos de budismo.
http://centrobudista.online
Centro budista Online
www.librosbudistas.com
Recursos y libros sobre *mindfulness* y
la meditación en castellano
www.freebuddhistaudio.com
Audios budistas gratis: charlas en español e inglés
www.respiravida.net/recursos
Meditaciones para escuchar y descargar